LES GRANDS ÉCRIVAINS FRANÇAIS

LACORDAIRE

PAR

LE COMTE D'HAUSSONVILLE

LACORDAIRE

VOLUMES DE LA COLLECTION DÉJÀ PARUS

DANS L'ORDRE DE LA PUBLICATION

Victor Cousin, par M. Jules Simon.

Madame de Sévigné, par M. Gaston Boissier.

Montesquieu, par M. Albert Sorel.

George Sand, par M. E. Caro.

Turgot, par M. Léon Say.

Thiers, par M. P. de Rémusat.

D'Alembert, par M. Joseph Bertrand.

Vauvenargues, par M. Maurice Paléologue.

Madame de Staël, par M. Albert Sorel.

Théophile Gautier, par M. Maxime Du Camp.

Bernardin de Saint-Pierre, par M. Arvède Barine.

Madame de La Fayette, par M. le comte d'Haussonville.

Mirabeau, par M. Edmond Rousse.

Rutebeuf, par M. Clédat.

Stendhal, par M. Édouard Rod.

Alfred de Vigny, par M. Maurice Paléologue.

Boileau, par M. G. Lanson.

Chateaubriand, par M. de Lescure.

Fénelon, par M. Paul Janet.

Saint-Simon, par M. Gaston Boissier.

Rabelais, par M. René Millet.

J.-J. Rousseau, par M. Arthur Chuquet.

Lesage, par M. Eugène Lintilhac.

Descartes, par M. Alfred Fouillée.

Victor Hugo, par M. Léopold Mabilleau.

Alfred de Musset, par M. Arvède Barine.

Joseph de Maistre, par M. Georges Cogordan.

Froissart, par Mme Mary Darmesteter.

Diderot, par M. Joseph Reinach.

Guizot, par M. A. Bardoux.

Montaigne, par M. Paul Stapfer.

La Rochefoucauld, par M. J. Bourdeau.

Lacordaire, par M. le comte d'Haussonville.

Royer-Collard, par M. E. Spuller.

La Fontaine, par M. Georges Lafenestre.

Malherbe, par M. le duc de Broglie.

Beaumarchais, par M. André Hallays.

Marivaux, par M. Gaston Deschamps.

Racine, par M. Gustave Larroumet.

Mérimée, par M. Augustin Filon.

Corneille, par M. Gustave Lanson.

Flaubert, par M. Émile Faguet.

Bossuet, par M. Alfred Rébelliau.

Pascal, par M. Émile Boutroux.

François Villon, par M. G. Paris.

Alexandre Dumas père, par M. Hippolyte Parigot.

André Chénier, par M. Em. Faguet.

La Bruyère, par M. Paul Morillot.

Fontenelle, par M. Laborde-Milaà.

Calvin, par M. Bossert.

Voltaire, par M. G. Lanson.

Molière, par M. G. Lafenestre.

Agrippa d'Aubigné, par M. S. Rocheblave.

Chaque volume, avec un portrait en héliogravure. . . . . 2 fr.

Coulommiers. Imp. Paul BRODARD. — 16-11.

LACORDAIRE

LES GRANDS ÉCRIVAINS FRANÇAIS

LACORDAIRE

PAR

LE COMTE D'HAUSSONVILLE

DE L'ACADÉMIE FRANÇAISE

QUATRIÈME ÉDITION

PARIS

LIBRAIRIE HACHETTE ET Cie

79, BOULEVARD SAINT-GERMAIN, 79

1911

LACORDAIRE

L'éloquence de la chaire apparait, dans l'histoire
de la littérature, comme étant surtout un don français. Quand on veut demander à l'éloquence du
barreau ou à celle de la tribune ses plus beaux
modèles, c'est à l'antiquité qu'on s'adresse, et aucun
nom n'a fait pâlir ceux de Démosthène et de Cicéron.
L'Angleterre de ces deux derniers siècles nous a
offert des exemples d'éloquence parlementaire qui
peuvent être mis en parallèle avec ceux, qu'à la même
époque, la France a produits, et les harangues de
Burke, de Fox, de Brougham, ne le cèdent point à
celles de Mirabeau, de de Serre, ou de Berryer.
Mais il n'en est pas de même pour ses prédicateurs
dont Taine, dans son *Histoire de la littérature
anglaise*, constate l'infériorité, et pour l'éloquence
sacrée, aucun pays n'est comparable à la patrie de
Bossuet, de Bourdaloue, de Massillon. Si, parmi les
pères de l'Église, on en rencontre qui peuvent être

mis à côté, un saint Jean Chrysostome, un saint Grégoire de Nazianze, en revanche ils sont sans rivaux dans la littérature des peuples modernes, et de cette forme de la pensée humaine c'est assurément notre langue qui offre les plus beaux spécimens.

Les anciens, à la vie desquels l'éloquence était si constamment mêlée, disaient que le grand orateur a en lui quelque chose de divin : *aliquid divinum.* Cela n'est-il pas vrai surtout, lorsque celui qui a reçu le don de traduire sa pensée par la parole, met ce don au service, non pas de quelque cause humaine et passagère, mais de la cause éternelle et divine? En effet il est à la fois homme d'action et homme de pensée, car il remue du même coup les foules et les idées. En même temps qu'il travaille au salut des âmes, il élève un monument qui fait l'admiration des lettrés, et s'il a le bien pour objet, il a le beau pour instrument. Aussi peut-on dire que des formes diverses du génie l'éloquence sacrée est celle qui fait l'emploi le plus complet des facultés humaines, car elle suppose chez le même homme le concours d'un apôtre et d'un artiste, qui tous deux travaillent pour Dieu.

De ce don français, de ce don divin personne n'a été doué plus richement que Jean-Baptiste-Henri Lacordaire, à l'exception toutefois de Bossuet. Mais tandis que Bossuet fut un génie universel, supérieur en tout et par tout, dans l'éloquence, dans la contro-

verse, dans l'histoire, Lacordaire ne fut qu'orateur ;
peut-être, si j'ose dire, plus orateur que Bossuet, en
ce sens du moins qu'il avait à un degré plus émi-
nent « l'accent qui émeut, la voix qui vibre et qui
charme, le geste qui achève la parole ». Aussi
peut-on dire de lui qu'il est le type du prédicateur,
et, à ce titre, sa place était marquée à l'avance dans
une galerie qui doit rassembler toutes les gloires
littéraires de la France.

Mais est-ce seulement chez Lacordaire le prédicateur qui peut nous intéresser ? N'est-ce pas autant
et surtout l'homme lui-même, tel qu'il apparaît vivant
et palpitant derrière le voile brillant de sa parole, ou
se montrant à cœur ouvert dans l'intimité de sa correspondance ? De ce siècle « dont il avait tout aimé »
nous entendrons retentir tous les échos au fond de
cette âme sonore. A ce prêtre, à ce moine, aucune
de nos passions et de nos souffrances n'est demeurée
étrangère ; car celles que l'expérience ne lui a pas
fait connaître, l'intelligence les lui a fait deviner.
Enfin il a été l'un des précurseurs et des auteurs de
cette renaissance catholique dont nos contemporains
sont aujourd'hui les témoins surpris, et, parmi les
questions qui nous occupent et nous divisent, on
n'en trouverait peut-être pas une seule qui n'ait été
agitée ou pressentie par lui. Aussi, en étudiant son
époque et sa vie, sera-ce par quelques côtés notre
propre époque que nous croirons voir passer d'avance
sous nos yeux, et notre propre vie que nous aurons

l'illusion de revivre. Nous y apercevrons, comme dans un miroir magique, le reflet de nos épreuves et le présage de nos inquiètes destinées [1].

1. Il existe deux biographies très complètes et très intéressantes du père Lacordaire. L'une est due au père Chocarne qui fut un de ses frères en saint Dominique, l'autre à M. Foisset, son ami le plus ancien et le plus intime. M. de Montalembert lui a consacré également d'admirables pages sous ce titre : *Un moine au* XIXe *siècle*. J'ai naturellement beaucoup puisé dans ces trois ouvrages, mais aussi dans la correspondance du père Lacordaire, qui était presque entièrement inédite à l'époque où ils ont paru, et qui aujourd'hui ne comprend pas moins de huit volumes. J'ai eu aussi communication d'un certain nombre de lettres inédites et je remercie ceux qui ont bien voulu me les confier.

CHAPITRE I

L'ENFANCE ET LA JEUNESSE

Par une singulière coïncidence, la Bourgogne a eu l'honneur de donner naissance aux trois plus grands orateurs chrétiens dont la France s'honore. Saint Bernard est né à Fontaine, près Dijon ; Bossuet à Dijon même ; Lacordaire à quelques lieues de Dijon, au village de Recey-sur-Ource, le vingt-deuxième jour du mois de floréal, an X de la république française, dit son acte de naissance, le 13 mai 1802, dirions-nous aujourd'hui. Son père, Nicolas Lacordaire, exerçait à Recey la profession d'officier de santé. D'opinions plutôt libérales, il n'en avait pas moins caché chez lui pendant la Révolution le curé de Recey, proscrit pour avoir refusé de prêter serment à la constitution, et, selon le père Chocarne, ce serait par ce même curé que Lacordaire aurait été baptisé. Quatre ans après la naissance de ce fils, Nicolas Lacordaire mourait, laissant sa veuve, Anne-Marie Dugied, chargée de quatre enfants jeunes encore.

Mme Lacordaire était fille d'un conseiller au parlement de Dijon. « Chrétienne, courageuse et forte », a dit son fils, mais d'une piété qui n'avait rien de mystique ni d'exalté, elle donna à ses enfants une éducation virile et plutôt sévère. Elle leur lisait Corneille autant que l'Évangile, et les entretenait autant de l'honneur que de Dieu. Peut-être est-ce à ces premiers enseignements qu'il faut rapporter ce sentiment très vif de l'honneur que Lacordaire conserva toute sa vie, sentiment plus humain qu'ecclésiastique, mais qui n'en devait pas moins lui venir en aide dans plusieurs circonstances de sa carrière sacerdotale.

Mme Lacordaire n'avait garde cependant de négliger l'éducation religieuse de ses enfants. Lorsqu'Henri eut sept ans, elle le mena elle-même se confesser pour la première fois au curé de la paroisse Saint-Michel de Dijon. « J'ignore ce que je lui dis et ce qu'il me dit lui-même, a écrit Lacordaire, mais le souvenir de cette première entrevue entre mon âme et le représentant de Dieu me laissa une impression pure et profonde. Je ne suis jamais rentré dans la sacristie de Saint-Michel de Dijon, je n'en ai jamais respiré l'air, sans que ma première confession me soit apparue, sous la forme de ce beau vieillard et de l'ingénuité de mon enfance. »

Lacordaire traversait alors une période de ferveur enfantine qui se traduisait par d'assez singulières manifestations. Son plaisir favori était de prêcher dans un semblant de chapelle que sa mère lui avait fait arranger à cette intention. Ses frères et sa bonne lui tenaient lieu d'auditoire. Quand celle-ci effrayée de la véhémence de ses gestes et du tremblement de sa voix, lui disait : « Mais, monsieur Henri, vous allez vous faire mal : ne vous échauffez donc pas tant. — Non répondait-il, il se commet trop de péchés ; la fatigue n'est rien. Je veux prêcher toujours », et il reprenait de plus belle ses tirades sur la foi qui s'en va et les mœurs qui se perdent.

A dix ans, le petit prédicateur, auquel un ancien prêtre marié avait enseigné les premiers éléments du latin, entra comme demi-boursier au lycée impérial de Dijon. De son éducation universitaire Lacordaire conserva toujours un souvenir amer. Comme Michelet (qui se comparait lui-même à un hibou effarouché), Lacordaire fut d'abord le jouet et le souffre-douleur de ses camarades durant les récréations. Pour se dérober à leurs mauvais traitements, il se réfugiait dans la classe, et là, caché sous un banc, loin de tous les yeux, il répandait ses larmes devant Dieu, lui offrant ses souffrances comme un sacrifice.

Cet appui et cette consolation devaient bientôt lui manquer. En effet, le grand grief de Lacordaire contre l'éducation qu'il avait reçue au collège, c'était d'avoir chez lui détruit la foi. A douze ans il avait fait sa première communion. Mais laissons-le parler lui-même : « Ce fut ma dernière joie religieuse et le dernier coup de soleil de l'âme de ma mère sur la mienne. Bientôt les ombres s'épaissirent autour de moi ; une nuit froide m'entoura de toute part, et je ne reçus plus de Dieu, dans ma conscience, aucun signe de vie. Élève médiocre, aucun succès ne signala le cours de mes premières études ; mon intelligence s'était abaissée en même temps que mes mœurs, et je marchais dans cette voie de dégradation qui est

le châtiment de l'incroyance et le grand revers de
la raison…. Je sortis du collége, à dix-sept ans, avec
une religion détruite, et des mœurs qui n'avaient
plus de frein. »

Tous les biographes de Lacordaire et tous ses contemporains s'accordent à dire que le jugement qu'il
portait ainsi sur lui-même est empreint d'une excessive sévérité. Élève médiocre, il ne le fut assurément
pas, et le palmarès du lycée de Dijon fait foi des
nombreux succès qu'il obtint dans ses dernières
classes, surtout en rhétorique. Quant à ses mœurs,
ce serait tout à fait se méprendre que d'en faire une
sorte de saint Augustin, dont la jeunesse aurait été
en proie aux grossiers désordres, et qui aurait eu à
expier de longs égarements. La vérité est, je crois,
dans ces lignes de M. Foisset, son ami intime et son
camarade à l'école de droit : « L'amour de l'étude
et l'élévation de ses sentiments l'avaient préservé
des dérèglements vulgaires; il était même relati-
vement chaste, sans contact avec les femmes, comme
l'Hippolyte d'Euripide, sans pruderie toutefois ».
Ce qui demeure certain, c'est qu'avec une nature
ardente, susceptible non seulement de tendresse
mais de passion, il entrait dans le monde sans religion positive, sans doctrine morale assurée, n'ayant
d'autre règle de vie que le sentiment de l'honneur,
et d'autre flambeau « que l'idéal humain de la
gloire ». On comprend que, quelques mois avant sa
mort, jetant sur sa vie passée le regard austère du
prêtre, il eut le sentiment très vif des périls auxquels il avait été en butte et qu'il ne put pardonner
à l'Université de l'y avoir exposé.

Lacordaire sortit du collège à dix-sept ans, et il se fit inscrire comme étudiant à la faculté de droit de Dijon. L'enseignement qu'il reçut, sans vues générales, sans profondeur, sans portée philosophique l'intéressa peu, et il fut, à l'en croire du moins, un médiocre étudiant en droit. Heureusement il devait trouver ailleurs l'emploi des rares facultés que ses condisciples s'accordaient déjà à reconnaître en lui. On était en 1821. Un grand mouvement d'idées précipitait alors la jeunesse dans des voies qui étaient encore nouvelles. « Il y eut là, a dit M. Caro, une époque unique pour la libre et féconde variété des talents, pour toutes les nobles curiosités en même temps éveillées, et toutes les émotions du beau en même temps ressenties, pour l'activité presque héroïque de l'esprit qui se précipitait dans tous les sens à la conquête de l'inconnu, et aussi pour la candeur du public, enthousiaste alors jusqu'aux illusions. La philosophie critique n'avait pas encore flétri ces espérances enchantées, ni désolé l'imagination neuve des générations qui représentaient la jeunesse du siècle. »

De ce grand mouvement, la jeunesse dijonnaise (Dijon ayant toujours été une ville de belles-lettres) ne pouvait manquer de prendre sa part. Un certain nombre d'élèves de la faculté avaient fondé entre eux une société qui s'intitulait : *Société d'études*. Presque tous ces jeunes gens, quoique ayant des opinions libérales, étaient monarchistes et catholiques.

« Lacordaire avait au contraire rapporté du lycée ce que nous en rapportions presque tous, a dit un de ses condisciples d'alors, M. Lorain, un déisme et un républicanisme de collège. » Néanmoins, ils lui ouvrirent leurs rangs, et, sans le convertir complètement ni à leur foi religieuse ni à leurs convictions politiques, ils inclinèrent certainement son esprit vers les doctrines et les opinions qu'il devait embrasser plus tard.

En attendant, il écrivait des essais destinés à être lus à l'assemblée générale de la société des études dijonnaises. C'était tantôt un récit du siège et de la prise de Jérusalem par Titus, tantôt un dialogue de Platon avec ses disciples au cap Sunium, qui se terminait par ces mots : « la liberté, c'est la justice ». Bien des années après, ses auditeurs se rappelaient encore l'effet inopiné qu'avait produit sur eux la lecture de ces pages, où ils croyaient retrouver quelque chose des accents de Chateaubriand. Sa supériorité éclatait surtout dans les joutes oratoires. La parole sortait de ses lèvres, haletante, nerveuse, précipitée comme si elle ne pouvait suivre le train de la pensée, mais colorée, éclatante, riche en idées et en métaphores. Quelques fragments de ces improvisations ont été recueillis, et il en est qui ne dépareraient pas ses plus célèbres discours. « Les mœurs corrompues enfantent les lois corruptrices, s'écriait-il un jour, et la licence emporte les peuples vers l'esclavage sans qu'ils aient le temps de pousser un cri. Quelquefois ils s'éteignent dans une agonie misérable, qu'ils aiment comme un repos doux et agréable ; quelquefois ils périssent au milieu des fêtes, en chantant des hymnes de victoire et en s'appelant immortels. » En même temps il travaillait pour son compte, apprenant l'italien, lisant Alfieri, et, à l'instar

du patriote italien, rimant en secret une tragédie
libérale et républicaine qui devait être intitulée
Timoléon; ou bien encore, détail que ne nous a pas
révélé le père Chocarne, il traduisait en vers les
odes d'Anacréon.

A vingt ans, Lacordaire avait fini son droit. Il lui
fallait choisir une carrière. Doué comme il l'était
pour la parole, il ne pouvait y avoir d'hésitation pour
lui ni pour les siens. Ce fut pour le barreau qu'il
opta. Mais Dijon semblait à sa mère un théâtre trop
étroit, et, au prix de lourds sacrifices, elle n'hésita
pas à l'envoyer à Paris, en le recommandant, par l'intermédiaire du Président Riambourg, à M. Guillemin, avocat à la Cour de cassation et aux Conseils,
catholique et royaliste ardent. M. Riambourg avait
écrit à M. Guillemin qu'il ne s'agissait plus que de
donner à ce jeune homme une bonne direction.
M. Guillemin comprit qu'à Paris il s'agissait de lui
indiquer un confesseur; mais à son étonnement Lacordaire répondit : « Oh non, monsieur, je ne fais pas
ça ». M. Guillemin ne l'en garda pas moins comme
secrétaire. Il lui donnait des dossiers à étudier et
des mémoires à rédiger, en même temps qu'il s'efforçait de lui procurer des affaires. Lacordaire se fit un
devoir de s'absorber dans l'étude du droit, autant
par conscience que pour arriver le plus tôt possible
à soulager sa mère de la pension qu'elle payait
pour lui. Mais ce ne fut pas sans regrets. « Hélas!
écrivait-il à M. Lorain, j'ai dit adieu à la littérature. Je n'ai conservé avec elle que cette mystérieuse correspondance, cet accord secret qui unit
l'homme de goût avec tout ce qui est beau sur la

terre. Et cependant j'étais né pour vivre avec les muses. Ce feu d'imagination et d'enthousiasme qui me dévore ne m'avait pas été donné pour l'éteindre dans les glaces du droit, pour l'étouffer sous des méditations positives et ardues. »

Comme science, le droit continuait de l'intéresser médiocrement, mais il obtenait cependant à la barre des succès qui ne laissaient pas de l'encourager. Dès la première épreuve il avait pris une juste confiance en lui-même. « J'ai senti, écrivait-il, que le Sénat romain ne serait pas capable de m'émouvoir. » Il eut un jour l'occasion de plaider devant Berryer qui fut tellement frappé de son talent qu'il le fit venir le lendemain pour causer avec lui, et qu'il lui dit : « Vous pouvez vous placer au premier rang du barreau, mais vous avez de grands écueils à éviter, entre autres l'abus de votre facilité pour la parole ». On cite aussi à son sujet un mot du Président Séguier : « Messieurs, ce n'est pas Patru, c'est Bossuet », mais, d'instinct, je me méfie toujours un peu de ces mots-là. Quoi qu'il en soit, Lacordaire n'avait point, de ce côté, éprouvé de déboires et il y avait là de quoi satisfaire déjà la seule passion qu'il sentit alors en lui, « un vague et faible tourment de la renommée ».

J'ai dit la seule passion. Est-ce exact? Il est en effet une question qu'il est impossible de ne pas se poser, toutes les fois qu'on plonge dans le passé d'un être qui a vécu, et que le respect ne défend pas de soulever, même lorsqu'il s'agit d'un prêtre. Lacordaire avait vingt ans. Tous ceux qui l'ont connu à cette époque s'accordent à nous le représenter comme très séduisant d'aspect, grand, mince, d'une tournure élégante, le visage pâle et déjà ascétique, mais éclairé par des yeux profonds, bordés de longs cils. A cet âge où le tourment de la renommée n'est pas, en général, le seul sentiment qui fasse battre le cœur de l'homme, aima-t-il, fut-il aimé? Nous avons déja vu qu'il avait su préserver sa jeunesse des désordres grossiers; mais s'il ne connut point la débauche, l'amour du moins n'a-t-il jamais pénétré dans son âme? Le père Gratry raconte avec grâce, dans ses *Souvenirs*, qu'il conserva deux ans certaine rose qui lui avait été jetée un soir de bal, et qu'au moment où il résolut de consacrer sa vie à Dieu, aucun sacrifice ne lui coûta autant que de renoncer à cette rose, et de couper cette fibre de son cœur. « Je sentis longtemps, ajoutait-il, le froid de cette coupure. » N'y eut-il pas aussi une rose jetée dans la vie de Lacordaire? Sur ce point délicat, je ne m'en serais pas fié tout à fait à l'enquête qu'a pu faire le père Chocarne ni même M. Foisset, mais il faut bien s'en rapporter au témoignage de Lacordaire lui-même : « J'ai aimé des hommes, écrivait-il à l'âge de vingt et un ans à l'un de ses jeunes confrères de barreau; je n'ai point encore aimé de femmes, et je ne les aimerai jamais par leur côté réel ». Six mois après avoir écrit cette lettre, il entrait au séminaire. Une de ses cousines a raconté qu'à ses premières vacances il se promenait avec elle à la campagne, lorsqu'il aperçut, sur le haut d'une cabane, une branche de chèvrefeuille : « Ah! ma cousine, s'écria-t-il avec pétulance, que je serais tenté de grimper là-haut, de cueillir cette branche et de vous l'offrir : mais avec mon habit, ce ne serait pas convenable ». Qui croirait, si les deux témoignages n'étaient également sincères, que le père Gratry a gardé deux ans la rose, et que le père Lacordaire n'a même pas cueilli le chèvrefeuille?

Si, par un rare privilège, la jeunesse de Lacordaire sut échapper à ce qu'il appelait lui-même « les émotions faciles de la chair et du sang », les deux premières années de son séjour à Paris n'en furent pas moins un temps pénible durant lequel il s'agitait « sous l'Etna de la vie ». A certains jours, il rêvait la gloire; puis le lendemain il écrivait à un ami : « Je ne comprends pas comment on peut se donner tant de mal pour cette petite sotte. Vivre tranquille au coin du feu, sans prétentions et sans bruit, est chose plus douce que jeter son repos à la renommée pour qu'elle nous couvre en échange de paillettes d'or. » Parfois le désir de voir des pays nouveaux était la forme que prenait son inquiétude, et les seuls mots de *Grande Grèce* le faisaient frémir et pleurer. Puis. au contraire, il se persuadait qu'il ne serait jamais content de lui que lorsqu'il posséderait trois châtaigniers, un champ de pommes de terre, un champ de blé et une cabane au fond d'une vallée suisse. Dans sa chambrette solitaire de la rue du Dragon, il rêvait d'une cure de campagne; à peine avait-il passé le Pont-Neuf que ce rêve était remplacé par celui d'une vie active et brillante, et ces variations incessantes faisaient naître chez lui le dégoût de l'existence que son imagination avait à l'avance usée. « Je suis rassasié de tout, écrivait-il à M. Lorain, sans avoir rien connu. »

Il souffrait également de sa solitude et de l'inas-

souvi de son cœur. A Paris, au milieu de huit cent
mille hommes, il se sentait dans un désert. Il cherchait des amitiés humaines, et ces amitiés le fuyaient
ou le trompaient. « Où est, s'écriait-il, l'âme qui
comprendra la mienne? » Il n'avait plus d'intérêt,
plus de goût à rien, ni aux spectacles, ni au monde,
ni aux jouissances d'amour-propre. Il sentait sa
pensée vieillir, et il en découvrait les rides à travers
les fleurs dont son imagination la couvrait encore.
Il commençait à aimer sa tristesse et à vivre beaucoup avec elle. Mais écoutons-le nous décrire plus
tard le mal dont il avait souffert :

« A peine dix-huit printemps ont-ils épanoui nos
années que nous souffrons de désirs qui n'ont pour
objet ni la chair, ni l'amour, ni la gloire, ni rien
qui ait une forme ou un nom. Errant dans le secret
des solitudes, ou dans les splendides carrefours des
villes célèbres, le jeune homme se sent oppressé
d'aspirations sans but; il s'éloigne des réalités de
la vie comme d'une prison où son cœur étouffe, et
il demande à tout ce qui est vague et incertain, aux
nuages du soir, aux vents de l'automne, aux feuilles
tombées des bois, une impression qui le remplisse
en le navrant. Mais c'est en vain; les nuages
passent, les vents se taisent, les feuilles se déco-
lorent et se dessèchent, sans lui dire pourquoi il
souffre. » C'est l'accent et presque le langage de
René, mais de René devenu chrétien, car il ajoute
aussitôt : « O mon âme, disait le prophète, pourquoi
es-tu triste? Espère en Dieu. C'est Dieu en effet,
c'est l'infini qui se remue dans nos cœurs de vingt
ans touchés par le Christ, mais qui se sont éloignés

de lui par mégarde, et en qui l'onction divine, n'obtenant plus son effet naturel, soulève néanmoins les flots qu'elle devait apaiser. »

C'était Dieu en effet qui agitait son cœur de vingt ans, mais c'était ce cœur même qui devait l'aider à trouver le remède au mal dont il souffrait ; *remedium animæ*, disaient les pieux ouvriers d'autrefois qui travaillaient aux cathédrales gothiques. Lacordaire est arrivé à la foi non par une illumination subite et par un coup de la grâce, comme on aurait dit au XVIIe siècle, non par le raisonnement philosophique ou par l'influence d'un homme, mais par la sensibilité. Écrivant à un ami qui venait de perdre son père, il lui disait : « Quand on m'apprit cette nouvelle, j'étais souffrant et livré aux pensées les plus tristes ; mon cœur fut comme accablé de ce coup, et je désirai sortir d'une terre où s'en va tout ce qui est bon. Ma mélancolie prit un caractère religieux, et un moment, je fus chrétien. » Et dans une autre lettre : « Je me rappelle avoir lu un soir l'Évangile de saint Mathieu et avoir pleuré. Quand on pleure, on est bien près de croire. » « J'ai pleuré et j'ai cru », a dit Chateaubriand. Mais la conversion, ou plutôt le retour à la foi de Lacordaire devait être moins rapide, et peut-être à cause de cela plus solide que celui de l'auteur des *Martyrs*. On peut en suivre les étapes dans les lettres qu'il adressait alors aux amis de son âge. « J'ai l'âme extrêmement religieuse et l'esprit très incrédule ; mais comme il est dans la nature de l'esprit de se laisser subjuguer par l'âme, il est probable qu'un jour je serai chrétien. » Et quelques mois après, à un autre : « Croirais-tu que je deviens chrétien tous les jours? C'est une chose singulière que le changement progressif qui s'est fait dans mes opinions; j'en suis à croire et je n'ai jamais été plus philosophe. » Un de ses camarades du palais le rencontrait avec étonnement, à Saint-Germain-des-Prés, à genoux devant un pilier, la tête dans les mains. Enfin un jour vint où Lacordaire se sentit chrétien, d'une certitude invincible, et il prit son parti. Par une singulière prédestination, il se rendit à cette église de Notre-Dame qui devait être le théâtre de sa gloire, et ce fut là « que le pardon descendit sur ses fautes, et que, sur ses lèvres fortifiées par l'âge et purifiées par le repentir, il reçut pour la seconde fois le Dieu qui l'avait visité à l'aurore de son adolescence ».

L'acte que Lacordaire venait d'accomplir fut décisif dans sa vie, car il en détermina presque immédiatement un autre qui devait l'enchaîner pour jamais. Le désir du sacerdoce l'envahit comme une conséquence de son retour à la foi, désir ardent, inébranlable. Il ne comprenait pas qu'il pût être chrétien et ne pas devenir prêtre. Il ne s'écoula que six mois entre son premier acte de foi positive et son entrée au séminaire Encore cette entrée définitive fut-elle retardée par la résistance de sa mère qui, heureuse de voir son fils redevenu chrétien, ne pouvait cependant se résoudre au sacrifice de ses espérances mondaines. Elle lui écrivit jusqu'à dix lettres pour le détourner de sa vocation qu'en raison de cette résistance Lacordaire dut tenir cachée à tous ses amis. Enfin elle se résigna, et elle autorisa son fils à solliciter de l'archevêque de Paris une demi-

bourse au séminaire de Saint-Sulpice. « Vous défen-
diez au barreau des causes d'un intérêt périssable,
vous allez en défendre une dont la justice est éternelle », lui dit Mgr de Quélen. Restait à obtenir de
l'évêque de Dijon son excorporation, c'est-à-dire
l'autorisation d'entrer dans le séminaire d'un autre
diocèse que celui où il était né. L'évêque ne se fit
pas prier. « Que voulez-vous, disait-il plus tard, il
m'avait écrit une lettre où il ne manquait que les
fautes d'orthographe. Je le prenais pour le plus
grand nigaud de mon diocèse. » Le 12 mai 1824,
vingt-deuxième anniversaire de sa naissance, deux
prêtres avec lesquels il avait déjà noué et devait conserver d'étroites relations, l'abbé Gerbet et l'abbé
de Salinis, le conduisirent au petit séminaire d'Issy.
Il y entrait bien jeune, et, sans doute, bien inexpé-
rimenté, mais ayant déjà vécu par l'esprit, par l'imagination, par le cœur de la vie de son siècle. Il en
était bien l'enfant, autant, comme il l'a dit lui-même,
par son amour de la liberté que par son intelligence
des souffrances et des besoins qui le tourmentaient.
Aussi, pour s'en faire écouter, devait-il trouver plus
tard les accents d'un fils.

CHAPITRE II

LE SÉMINAIRE
PREMIÈRES RELATIONS AVEC LAMENNAIS

« En entrant au séminaire, surtout à la campagne,
on éprouve une grande paix. Il semble que le monde
est détruit, que c'en est fait depuis longtemps des
guerres et des victoires, et que les cieux, à peine
voilés, sans canicule et sans tonnerre, enserrent une
terre nouvelle. Le silence règne dans les cours, dans
les jardins, dans les corridors peuplés de cellules, et
au son de la cloche, on voit accourir les habitants en
foule, comme d'une ruche mystérieuse. La sérénité
des visages égale la blancheur et la netteté de la
maison. Ce qu'éprouve l'âme est une sorte d'aimable
enivrement de frugalité et d'innocence. » Et la des-
cription continue ainsi, Lacordaire racontant par le
menu, pendant plusieurs pages, la vie intérieure du
séminaire, l'heure du lever et celle de la méditation,
la nature des exercices pieux et l'emploi des récréations. Mais on chercherait vainement ces pages dans

les éditions les plus complètes de ses œuvres. Elles
sont comme égarées dans un roman étrange, au titre
assez déplaisant, qui n'en demeurerait pas moins, si la
forme en était un peu plus simple et la donnée moins
subtile, un des chefs-d'œuvre psychologiques de
notre siècle. Lorsque Sainte-Beuve cherchait pour
Volupté un dénouement qui ne fût point, comme le
reste du livre, tiré de son expérience personnelle,
l'idée lui vint de faire entrer son héros dans les
ordres. Pour être assuré de peindre avec exactitude
l'intérieur et les mœurs d'un séminaire, il s'adressa à
Lacordaire, alors jeune prêtre, qu'il avait rencontré
souvent chez Lamennais. Celui-ci le conduisit d'abord
lui-même au séminaire d'Issy, et le lendemain, au
moment où Sainte-Beuve se préparait à coucher par
écrit ses impressions, il reçut de Lacordaire une
longue lettre qui contenait un compte rendu exact et
minutieux de la vie du séminaire, « compte rendu
relevé, disait Sainte-Beuve, de traits d'imagination
comme sa plume en faisait inévitablement jaillir ».
Ce sont ces pages que Sainte-Beuve a, de son
propre aveu, introduites tout uniment dans *Volupté*,
en y ajoutant cependant quelques traits de sa façon
d'alors qui ne sont pas toujours du meilleur goût.

Si ce récit de Sainte-Beuve ne méritait déjà par
lui-même toute créance, on en trouverait au besoin la
confirmation dans la similitude entre ce chapitre de
Volupté et certains fragments des premières lettres
de Lacordaire datées du séminaire. Ainsi la des-
cription du jardin potager d'Issy tient une grande
place dans *Volupté*. Pareillement Lacordaire dit
dans une de ses lettres : « Le matin je me promène

au milieu de la fraîcheur et je m'amuse à considérer
le progrès des fruits que j'ai déjà vus la veille et que
je revois le lendemain. Les cerises ne me montrent
plus leurs têtes rouges à travers la verdure des
feuilles ; c'est maintenant le tour des prunes, des abri-
côts, des pêches qui commencent à se revêtir d'une
teinte légère. J'aime surtout le potager et la vue d'une
simple laitue est pour moi d'un grand plaisir. Je les
vois toutes petites, rangées en quinconce d'une
manière agréable à l'œil Elles croissent; on rap-
proche leurs feuilles, longues et vertes, en les liant
avec quelques brins de paille ; elles jaunissent et au
bout de quelques jours il n'y a plus pour elles ni
rosée ni soleil. »

On peut penser cependant que toutes ses lettres à
ses deux amis d'alors, Lorain et Foisset, n'étaient
pas remplies de descriptions de cette nature. C'était
surtout de ses sentiments intérieurs qu'il les entretenait. « Tu ne sais pas, mon cher ami, écrivait-il au
premier qui ne partageait pas alors ses convictions,
combien ma solitude est douce. Tu ne me soupçonnes
pas sans doute de vouloir te tromper et t'entretenir
d'un bonheur que je ne goûte pas réellement. Il n'y
a que dans le monde qu'on jette un sourire sur les
lèvres, tandis qu'on a des larmes dans le cœur. Eh
bien, mon caractère triste, sérieux, a disparu devant
la paix de cette maison, et je ne me suis aperçu que
j'étais gai que parce que tout le monde me l'a dit.
Voilà une provision de bonheur pour trois ans. » Et
dans une lettre à M. Foisset il écrivait également :
« Mon ami, je n'ai rien à vous dire de moi ; je suis
tel que vous m'avez vu.... Je sens de plus en plus

que je suis à ma place, et que Dieu me voulait là ; j'espère, avec son secours, faire un jour un bon prêtre et travailler au salut des âmes avec succès. Mon ami, la science, le talent, la force, tout cela est vain en soi-même, quand on ne l'applique pas aux choses éternelles. Le temps, et ce qui est dans le temps ne nous a été donné que pour conquérir l'éternité. »

Le sentiment de paix et de contentement qu'il éprouvait se traduisait même parfois par des effusions de mysticisme et de sensibilité. « Un soir, écrivait-il, j'étais à une fenêtre, et je regardais la lune dont les rayons tombaient doucement sur la maison ; une seule étoile commençait à briller dans le ciel à une profondeur qui me paraissait incroyable. Je ne sais pourquoi je vins à comparer la petitesse et la pauvreté de notre habitation à l'immensité de cette voûte ; et en songeant qu'il y avait là, au fond de quelques cellules, un petit nombre de serviteurs du Dieu qui a fait ces merveilles, traités de fous par le reste des hommes, il me prit une envie de pleurer sur ce pauvre monde, qui ne sait même pas regarder au-dessus de sa tête. » Lacordaire eut toujours goût à regarder ainsi au-dessus de sa tête. Bien des années après, il écrivait encore : « Dieu a fait les étoiles pour nous dégoûter de la terre ».

Cependant cette période de paix et d'enchantement ne devait pas durer toujours. Lacordaire ne tarda pas à faire connaissance avec une épreuve qu'il devait rencontrer sur sa route jusqu'à la fin : la méfiance de ses supérieurs ecclésiastiques. Avec une foi profonde, une piété sincère, une vocation ardente, il avait l'allure la moins séminariste qui fut jamais. Il était pétulant, fougueux, d'une liberté de langage poussée parfois jusqu'à l'impertinence. Il faisait à ses maîtres l'effet d'un cheval fougueux, et aucun ne se sentait de force à le brider. Son humeur inconsidérée se traduisait, à leur désespoir, par les traits les plus divers. Tantôt il prenait vivement parti en faveur d'une coiffure nouvelle, la barrette, contre l'ancienne coiffure des théologiens, le bonnet carré, cher encore aux professeurs, mais déjà un peu abandonné des élèves, et il poussait l'opposition si loin qu'il jetait au feu de ses propres mains les bonnets carrés de ses camarades. Chose plus grave : au cours de théologie il prenait la parole, posait des questions ou des objections, et, quand la réponse ne lui paraissait pas satisfaisante, il ne se faisait pas faute de répliquer, laissant parfois les professeurs écrasés sous la riposte, et les séminaristes incertains de savoir qui, du professeur ou de l'élève, avait tort ou raison. Les Sulpiciens, ses maîtres d'alors, étaient des gens pieux et des esprits sages, mais un peu timides. « Ils avaient deux choses en horreur, a dit le père Chocarne, le bruit et la nouveauté. » Aussi ce jeune séminariste, indépendant d'allures et hardi de langage, ne laissait-il pas de les inquiéter. En revanche, s'il était suspect à ses maîtres, il gagnait du crédit sur ses camarades qui, mieux que les doctes Sulpiciens, savaient discerner son génie.

C'était, c'est encore, je crois, l'usage à Issy que les séminaristes prêchassent à tour de rôle, au réfectoire, pendant le repas. Ce fut dans ces circonstances assurément peu favorables que Lacordaire prononça

son premier sermon. Lui-même racontait dans une
lettre à M. Lorain l'impression qu'il avait éprouvée
lorsqu'il avait gravi le terrible escalier qui menait à
la chaire, et commencé à prêcher sur l'Incarnation
dans un réfectoire où mangeaient cent trente personnes, à travers le bruit des assiettes, des cuillères
et de tout le service. Mais bientôt les jeunes séminaristes se poussent du coude l'un l'autre ; couteaux et
fourchettes s'arrêtent d'eux-mêmes, et tout le monde
prête une oreille attentive aux accents d'une voix
qui, d'abord sobre et voilée, s'élève peu à peu et
fait retentir l'humble salle d'échos qui lui étaient
inconnus. Un fragment de ce sermon, transcrit par
Lacordaire pour un ami, a été recueilli dans la
collection de ses œuvres, et il y fait bonne
figure. Aussi, le lendemain, tous les séminaristes
étaient-ils dans l'enthousiasme. Mais les maîtres
étaient moins contents. Le professeur d'éloquence
adressa à Lacordaire quelques observations. Il
blâma le genre, et engagea les élèves — en quoi
du reste il n'avait pas tout à fait tort — à ne pas
l'imiter.

Les préventions que Lacordaire avait soulevées,
dès le lendemain de son entrée au séminaire, allaient
donc s'aggravant. Par ordre, il fut transféré au grand
séminaire de Paris et le supérieur général, l'abbé
Garnier, voulut être son confesseur. On essaya d'uti-
liser son talent de parole pour en faire un maître de
conférences et un catéchiste. Mais, bien que plus con-
tenu dans ses allures et plus mesuré dans son langage qu'il ne l'était à Issy, Lacordaire ne parvint pas
à dissiper complètement la méfiance de ses supé-

rieurs. Ils doutaient de sa vocation, et reculaient
de terme en terme le moment où il aurait dû être
appelé à prononcer ses premiers vœux. Deux ans et
demi s'étaient écoulés sans même que le sous-diaconat lui eût été conféré. Il pouvait se croire rejeté.
Peu s'en fallut alors qu'il ne prît une résolution
définitive, et qu'il ne quittât le séminaire, non pour
reprendre la vie séculière, mais pour entrer au noviciat des Jésuites, à Montrouge. Par l'intermédiaire de
l'abbé de Rohan, il demanda même à l'archevêque de
Paris l'autorisation nécessaire. Mais Mgr de Quélen
refusa. Il eut de la haute valeur du jeune séminariste un instinct plus juste que ses propres maîtres, et il ne voulut pas laisser perdre pour son
diocèse un prêtre dont l'avenir lui paraissait plein
de promesses. Peut-être même ne fut-il pas étranger
à la résolution que prirent, peu de temps après, les
Sulpiciens d'admettre Lacordaire aux ordres sacrés.
Le 2 décembre 1826, il reçut le sous-diaconat, et le
22 septembre 1827, l'ordination des mains mêmes de
Mgr de Quélen, dans sa chapelle particulière. « Ce
que je voulais faire est fait, écrivait-il à Lorain ; je
suis prêtre depuis trois jours, *sacerdos in æternum,
secundum ordinem Melchissedec.* »

A peine sorti du séminaire, Lacordaire eut à se
prononcer sur une proposition brillante qui lui était
faite. Un des directeurs de Saint-Sulpice, M. Boyer,
voulut le proposer à son parent, Mgr Frayssinous,
pour la charge d'auditeur de Rote. C'étaient les
dignités ecclésiastiques et peut-être la pourpre
assurées à brève échéance. Cependant Lacordaire
refusa. « Je veux demeurer simple prêtre, répondit-il

à M. Boyer, et probablement, un jour, je serai religieux. » Mais, en attendant, qu'allait-il devenir? Mgr de Quélen qui, durant toute la durée de ses rapports avec Lacordaire, devait tour à tour le soutenir par sympathie personnelle et l'abandonner par timidité d'esprit, semblait pour le moment assez embarrassé de son protégé. De ce jeune prêtre de vingt-cinq ans, il ne trouva rien de mieux à faire que de le cacher dans un couvent de Visitandines dont il le nomma chapelain. Le couvent était en même temps un pensionnat, et sa principale occupation devait être d'enseigner le catéchisme à trente jeunes filles de douze à dix-huit ans. Disons tout de suite, à l'honneur de ces jeunes catéchumènes, que l'extraordinaire valeur de leur catéchiste ne leur échappa pas. Pendant de longues années, ce fut la gloire du pensionnat des Visitandines de conserver, sous forme de cahiers transmis de génération en génération, les résumés des instructions ou des sermons de Lacordaire, rédigés par ses premières élèves. Les bonnes religieuses lui reprochaient cependant d'y mêler trop de métaphysique.

L'année suivante, il fut nommé aumônier adjoint du lycée Henri IV. En cette qualité il fut même chargé par les autres aumôniers, ses collègues, de rédiger un mémoire sur l'état religieux et moral des collèges royaux de Paris, qui était destiné à passer sous les yeux du Ministre des affaires ecclésiastiques et de l'instruction publique. Ce mémoire n'est qu'un long cri de douleur sur l'esprit d'irréligion qui règne dans les collèges, et sur l'impuissance des aumôniers à y remédier. Pas plus auprès des

élèves de Henri IV qu'auprès des pensionnaires
des Visitandines, il ne trouvait donc à répandre le
feu de prosélytisme qui était en lui. Ni son temps ni
ses facultés ne lui semblaient employés. Vainement,
dans la pensée d'écrire un grand ouvrage d'apologétique, se livrait-il à une série de lectures, où il
entremêlait Platon et Descartes, Aristote et saint
Augustin. Bien qu'il fût frappé de ce qu'il y avait
de choses et de mystères à developper dans la religion catholique, bien qu'il ne lui tombât jamais un
livre sous la main sans qu'il fût confondu de la
manière dont on la défendait, il sentait vaguement
que son esprit était peu propre à la théologie.
Cependant, il ne voulait pas chercher ailleurs que
dans l'exercice de son ministère l'emploi des
facultés qu'il sentait en lui. C'est ainsi que M. Foisset lui ayant proposé d'écrire dans un journal
nouvellement fondé à Dijon, le *Provincial*, il
répondait avec vivacité : « Un journal me paraît une
affaire inique ; c'est la chaire des opinions, c'est-
à-dire ce que je méprise le plus. Ministre des seules
vérités perpétuelles et universelles, *jamais*, *jamais*
je n'annoncerai aux hommes des opinions, *jamais* je
ne leur annoncerai la vérité du même lieu où on
amuse leur oisiveté par les jeux de l'esprit. » Parfois
il se figurait sincèrement que l'obscurité, une
longue obscurité, de petites places et du loisir, c'était
tout ce qu'il désirait. Mais en réalité, dans son
donjon du collège Henri IV, où sa mère était venue
demeurer avec lui, comme autrefois dans son petit
appartement solitaire de la rue du Dragon, il s'in-
quiétait de sa destinée, et à certains jours la mélan-

colie semblait sur le point de l'envahir. « Je ne sais plus ni écrire, ni causer, écrivait-il à M. Foisset. Je me métempsycose tous les jours, et bientôt je ne me reconnaîtrai plus qu'à mon attachement pour vous. Folie des années! Rêve de l'immobilité! Sans l'amitié nous ne serions qu'un songe; elle arrête au moins la vie par un bout. Et encore comment l'arrête-t-elle! On se rencontre au printemps, quand on fleurit, quand on s'embaume de sa jeunesse, quand on dit : toujours. Après cela le vent nous emporte; il y a un cheval tout prêt pour aller vite, une voile qui n'aime pas les longs adieux. Il y a une Providence qui se venge des promesses que se font les hommes, et qui les disperse aux quatre coins de ses desseins. »

A ces causes de tristesse intime se joignaient les souffrances que lui causaient son isolement moral, et le peu de sympathie qu'il sentait entre ses collègues du sacerdoce et lui. Sa mère s'affligeait de voir qu'il n'eût point d'amis, et lui-même va nous expliquer pourquoi il n'en pouvait avoir : « J'étais demeuré libéral en devenant catholique, et je n'avais pas su dissimuler tout ce qui me séparait sous ce rapport du clergé et des chrétiens de mon temps. Je me sentais seul dans ces convictions, ou du moins je n'avais rencontré aucun esprit qui les partageât. La fin de la Restauration approchait; la cause du Christianisme, liée à celle des Bourbons, courait les mêmes chances, et un prêtre qui n'était pas sous ce drapeau semblait une énigme aux plus modérés, une sorte de traître aux plus ardents. » A cette époque l'Église de France s'abandonnait en effet à une espèce de torpeur et d'engourdissement. Heureux d'avoir, après tant d'épreuves, trouvé un gouvernement qui lui était favorable, tout en lui refusant certaines libertés, plus confiant qu'il n'aurait fallu dans cette protection, et se reposant avec trop de sécurité sur cette alliance, le clergé français pieux, honnête, respectable s'il en fut, se contentait d'accomplir régulièrement les devoirs de son ministère quotidien, mais il se désintéressait du grand mouvement d'idées qui agitait les générations nouvelles. Lacordaire sentait la faute et le danger. « Je suis las de penser et de parler, écrivait-il à M. Foisset. Je suis comme la faculté de théologie de l'Académie de Paris; j'ai suspendu ma harpe aux saules de la Sorbonne. Comment penser, quand il n'y a plus de pensée catholique? Comment parler quand tout Israël dort, et qu'on n'a pas, comme David, enlevé la lance de l'ennemi? Non vraiment, cela n'est pas possible. Laissez dormir le pâtre au bruit du vent, et ne lui demandez pas ce qu'il voit dans son sommeil. »

Lorsque le clergé, sortant de ce sommeil, se livrait à quelque tentative d'apostolat, Lacordaire ne goûtait pas davantage la forme que prenaient ces manifestations. Il croyait peu au succès de ce qu'on appelait alors les *missions*, et il devait parler plus tard en termes assez sévères « de ces nuées de missionnaires qui se précipitaient du nord au midi dans les grandes villes du royaume, appelant le peuple à des cérémonies étranges, inconnues de la tradition catholique, à des chants qui n'exprimaient pas seulement les espérances de l'éternité, mais celles de la politique profane, à des prédications où l'excès du sentiment suppléait à la faiblesse de la doctrine, où l'on s'attaquait moins au cœur qu'à l'imagination, au risque de ne produire qu'un ébranlement passager à la place d'une solide conversion ». Ainsi, ni dans la pratique quotidienne de son humble ministère de chapelain et d'aumônier, ni dans des travaux de théologie auxquels il se croyait peu propre, ni dans l'exercice d'un apostolat dont la forme ne lui agréait pas, Lacordaire ne trouvait l'emploi des dons qu'il sentait bouillonner en lui. Dans cette crise morale, il n'est pas étonnant qu'il ait détourné ses regards de la France, et qu'il ait pensé un instant à s'expatrier.

Il y avait alors un pays qui exerçait de loin une sorte de fascination sur ceux dont l'imagination était plus curieuse des secrets de l'avenir que des souvenirs du passé. Ce pays était l'Amérique. Autrefois, Chateaubriand avait emprunté à ses forêts et à ses savanes les métaphores et les images dont il devait embellir le *Génie du Christianisme*. Dans bien peu d'années Tocqueville devait aller demander à cette même contrée la solution du problème démocratique, et il traçait de cette république naissante un portrait peint de main de maître, mais trop flatteur pour être tout à fait exact. Peu s'en fallut que Lacordaire ne le devançât. « Je me lassai de cette vie, disait-il plus tard, et je regardai au loin pour voir s'il n'était pas sur la terre quelque lieu où un prêtre pût vivre libre. Qui n'a tourné les yeux, dans ces moments où la patrie fatigue, vers la République de Washington? Qui ne s'est assis dans la pensée à l'ombre des forêts et des bois de l'Amérique? J'y jetai mes regards, las du spectacle qu'ils rencontraient en France, et je résolus d'aller leur demander une hospitalité qu'ils n'ont jamais refusée ni au prêtre ni au voyageur. »

Ce projet auquel il faisait allusion n'avait pas été seulement chez Lacordaire un vague et poétique dessein. L'évêque de New-York, Mgr Dubois, était alors en Europe. Il cherchait un prêtre distingué qu'il pût emmener avec lui dans son diocèse. On lui parla de Lacordaire, et il lui fit offrir les doubles fonctions de grand vicaire de New-York et de supérieur du séminaire. Au premier abord l'offre ne l'avait guère tenté, car ce qu'il savait des mœurs américaines lui plaisait médiocrement. Mais six mois de réflexion l'avaient peu à peu réconcilié avec cette perspective.

Parmi les questions qui préoccupaient alors son esprit anxieux, il en était une qui dominait toutes les autres, et qu'il posait ainsi lui-même : « Le monde étant ce qu'il est, que doit croire un prêtre sur les rapports de la religion avec la philosophie et l'ordre social ? » En philosophie il lui semblait impossible qu'il y eût désaccord entre la raison universelle et la raison catholique, et ce premier problème ne le troublait point. Il n'en était pas de même du second, les relations de la société spirituelle avec la société matérielle. A ses yeux, ce problème ne pouvait être résolu que de trois manières : « supériorité de l'une sur l'autre, indépendance absolue de l'une et de l'autre, engrènement variable de l'une et de l'autre par des concessions réciproques ». Le premier moyen lui paraissait la vérité théorique; c'était le système sous lequel le monde avait vécu depuis Charlemagne; mais en France ce système

était ruiné sans retour et il lui semblait impossible
de le restaurer. Quant au dernier, Lacordaire le
repoussait de toutes ses forces comme aboutissant à
subordonner l'Église à l'État, et à créer à la longue
une Église nationale : c'était le gallicanisme, et Lacordaire avait horreur du gallicanisme dont les libertés
ne rachetaient pas à ses yeux les servitudes. Restait
le second, c'est-à-dire l'indépendance absolue : ce
n'était qu'un remède sans doute, mais un remède
sublime, et il ne fallait pas hésiter à y recourir.
« Oter l'Église de l'état d'engrènement pour la mettre
à l'état d'indépendance absolue, en un mot l'affranchir, voilà ce qui est à faire, écrivait-il à M. Foisset :
le reste est un détail immense.... »

Quand il fut arrivé à cette conviction, l'Amérique
ne l'effraya plus. Les États-Unis étaient le seul pays
du monde où l'Église catholique fût sans aucune
relation officielle avec l'État et, sous ce régime, elle
s'était fortifiée avec une rapidité qui tenait du pro-
dige. Comment ne pas être tenté d'aller étudier sur
place l'application du remède ? Lacordaire s'y résolut
donc, mais, avant de donner à Mgr Dubois une
réponse définitive, il voulut traiter de toutes ces
questions avec le seul prêtre qui, jusqu'alors, eût
paru s'en préoccuper, et sous l'humble toit duquel la
pensée catholique semblait s'être réfugiée. Un soir
de mai 1830, précédé par une lettre qui annonçait
son arrivée, Lacordaire vint donc frapper à la porte
de la Chesnaye.

L'homme qui demeurait dans ce vieux manoir,
en face d'un étang brumeux dont les eaux grises
reflétaient les longues branches des chênes et des

hêtres, n'occupait dans l'Église ni rang ni dignité.
Et cependant il exerçait sur le jeune clergé plus d'influence, il possédait plus d'autorité qu'évêques et car-
dinaux. Ses contemporains étaient plus attentifs à sa
parole qu'à celle qui tombait du haut des chaires,
et, dans le domaine religieux, il s'était emparé de leur
imagination comme de leur pensée. Aujourd'hui que
plus de quarante ans se sont écoulés depuis la mort
de Lamennais, il éveille encore notre curiosité, et rien
de ce qui se rapporte à lui ne nous laisse indifférents.
Nous lisons avec un intérêt presque égal toutes les
études qui le concernent, quelle que soit la différence de leurs points de vue et de leurs conclusions.
La publication de sa correspondance a été accueillie,
il y a quelques années, avec une faveur marquée. Que
demain, comme on nous le fait espérer, on se décide
à livrer au jour certaines lettres, toutes spirituelles
et de direction, adressées par lui à une pieuse dame,
ces lettres, j'en suis certain, seront lues avec la
curiosité la plus vive. C'est que la figure de Lamennais, si étudiée et fouillée qu'elle ait pu être, se dresse
encore devant nous comme celle d'un sphinx qui
n'aurait pas dit son dernier mot. C'est que nous
avons le sentiment, si consciencieuse qu'ait été notre
étude, de ne le comprendre qu'à demi. C'est que
nous avons peine à mettre en accord et en harmonie
ce que nous lisons de lui et ce que nous en savons.

Ce prêtre a été un pamphlétaire de génie; personne n'a poussé aussi loin que lui l'art de la
diatribe et de l'insulte; son éloquence est toute
de haine et d'invective. Mais il a écrit avec amour
une traduction de l'*Imitation* qui est digne du texte,

et il l'a enrichie de réflexions dont un bon juge,
M. de Sacy, a pu dire qu'elles semblaient parfois des
post-scriptum dictés par l'auteur même du livre.
Dans ses lettres, il n'y a presque pas de pages
où l'on ne trouve quelque insulte à l'adresse non
pas seulement de ses adversaires directs, mais de
ceux-là surtout qui ne partageaient pas entièrement
toutes les nuances de ses opinions. Les plus respec-
tables parmi ses contradicteurs sont les plus vili-
pendés, dans les termes les plus grossiers, et il est
impossible de n'en pas conclure que cet insulteur
perpétuel devait être un singulièrement bilieux et
désagréable personnage. Mais il est impossible également de ne pas être touché du soin, de la bonne
grâce, de la véritable sensibilité qu'il déploie dans
sa correspondance avec ces trois vieilles demoiselles
bretonnes, qui, du fond de leur retraite des Feuil-
lantines, suivaient sa destinée avec une anxiété si
touchante, et dont l'une, celle qu'il aimait à appeler
Ninette, lui adressait un jour cet avertissement
discret : « Vous faites bien du bruit ». Rien n'est
plus étranger à ses écrits si divers que la grâce et
le charme, sauf dans quelques pages des *Affaires
de Rome*. Et cependant il avait de la grâce, il avait
du charme; tous ceux qui l'ont approché en ont
subi l'influence. Dans ce Port-Royal breton qu'il
avait voulu créer à la Chesnaye, il avait su attirer
et retenir auprès de lui des âmes délicates et pures,
comme celles de l'abbé Gerbet et de Maurice de
Guérin, pour ne parler que des deux plus connus.
Il avait captivé celle de Montalembert, au point de
le faire hésiter deux ans avant la soumission. Des

cœurs de femmes lui sont restés fidèles, même après
la chute. J'ai connu, à la fin de sa vie, une respectable religieuse devant laquelle on ne pouvait prononcer le nom de Lamennais sans l'émouvoir, et elle
s'obstinait dans cette touchante illusion que, s'il
n'eût point été circonvenu à sa dernière heure, il
serait mort réconcilié avec l'Église. Quelque jugement qu'on porte au reste sur sa vie, il est impossible de refuser la pitié à ces dernières années
où, accablé tout à la fois sous le poids des préoccupations matérielles et des souffrances du corps, ne
tirant plus, par une singulière leçon, sa subsistance
que de la vente de son *Imitation*, il vieillissait malade
et solitaire, sans affection, sans appui, sentant assurément au plus profond de son être les misères et
l'humiliation de sa fin. On raconte que celui qui lui
ferma les yeux dut essuyer sur sa joue amaigrie
une larme que durant son agonie personne n'avait
vu couler. Qui sait si cette larme n'était pas celle
du repentir, et si la bonne sœur dont je parlais tout
à l'heure n'a pas été plus sagace, dans son espérance
charitable, que certains juges de Lamennais dans
leur impitoyable sévérité ?

Lorsque Lacordaire débarquait à la Chesnaye,
Lamennais n'était pas pour lui un inconnu. Lacordaire avait eu déjà l'occasion de le voir une fois ou
deux avant son entrée au séminaire, et la première
impression, à en juger par cette lettre à un ami,
n'avait pas été très favorable : « C'est un homme
petit, sec, d'une figure maigre et jaune, simple dans
ses manières, tranchant dans ses discours, plein de
son livre. Qu'on place M. de Lamennais dans une

assemblée d'ecclésiastiques, avec sa redingote brune, sa culotte courte et ses bas de soie noire, on le prendra pour le sacristain de l'église. » De cette nouvelle visite à la Chesnaye, Lacordaire ne revint pas particulièrement séduit. « L'entretien et la tenue, a-t-il écrit plus tard, respiraient une sorte d'idolâtrie que je n'avais jamais vue auparavant. Cette visite, en me causant plus d'une surprise, ne rompit pas cependant le lien qui venait de me rattacher à l'illustre écrivain. » En effet les conseils de Lamennais l'affermirent dans son projet de départ pour l'Amérique, projet approuvé d'autant plus chaleureusement par Lamennais que lui-même avait conçu un semblable dessein, plusieurs années auparavant. Lacordaire prit donc son parti et il écrivait quelques mois après à M. Foisset : « J'ai repensé à la proposition de New-York. M. de Lamennais la connaissait et l'a approuvée. Nous avons lié à cela de grands desseins, et nous partirons plusieurs amis ensemble dans le printemps prochain. » Cette lettre est du 19 juillet 1830. Onze jours après, la révolution éclatait.

Au premier moment, les événements nouveaux ne changèrent rien à la détermination de Lacordaire. Ses malles étaient faites, et il avait dit adieu à sa famille, quand il reçut une lettre de l'abbé Gerbet, avec lequel il était demeuré lié. Dans cette lettre, l'abbé Gerbet le pressait avec instance, en son nom et au nom de Lamennais, de le seconder dans l'entreprise de la fondation d'un nouveau journal, *l'Avenir*, qui serait désormais l'organe des catholiques, et qui réclamerait pour l'Église sa part des libertés désormais acquises au pays. « Cette nouvelle me causa, a écrit depuis Lacordaire, une joie sensible et une sorte d'enivrement. » Il accepta sans balancer la proposition, et il oublia que, quelques mois auparavant, à une proposition semblable de son ami Foisset, il avait répondu qu'un journal était ce qu'il méprisait le plus au monde, et que, *jamais*, il n'annoncerait aux hommes la vérité dans un lieu où on amuse leur oisiveté par les jeux de l'esprit. Pour comprendre et ce brusque changement d'idées et cet enivrement, il faut se rappeler la conception que Lacordaire s'était faite des relations de l'Église catholique avec l'État. Oter l'Église de l'état d'engrènement, pour la mettre à l'état d'indépendance absolue, lui paraissait, comme nous l'avons vu, la besogne la plus pressée, et c'était au moment où il allait partir pour l'Amérique, dans le dessein d'étudier sur place les résultats de ce remède sublime, qu'il entrevoyait la possibilité de l'appliquer en France. L'homme qui, du fond de sa modeste retraite de la Chesnaye, remuait les intelligences catholiques en France et en Europe, lui offrait de devenir son collaborateur dans la grande cause de l'affranchissement de l'Église. Il le conviait à combattre avec lui le bon combat, et il lui mettait en même temps l'arme dans la main. Comment ne pas répondre à cet appel et comment hésiter à se jeter dans la mêlée, sous un tel chef? C'est ce que fit Lacordaire, et il n'est pas étonnant qu'il se soit livré, dans cette campagne, à toute la fougue d'une nature ardente que, depuis sa sortie du séminaire, il avait dû contenir dans les limites d'une étroite et mesquine existence.

CHAPITRE III

« L'AVENIR »

Laissant de côté leurs doctrines sociales et théologiques, on sait quel était, dans la pratique, le but poursuivi par les rédacteurs de *l'Avenir* : donner aux catholiques le goût de la liberté ; leur persuader de ne plus invoquer la protection de l'État, de renoncer sans retour aux faveurs, aux privilèges, et de ne compter désormais que sur eux-mêmes pour la défense de leurs droits ; mais les instruire en même temps dans le maniement des armes à l'aide desquelles les droits se défendent dans les pays libres : la presse, la parole, et les habituer à regarder leurs adversaires face à face, à les combattre en rase campagne, sans s'abriter derrière des retranchements effrités et des murailles en ruine. La presse, la parole, c'étaient deux armes dont le maniement convenait également à Lacordaire, et de tous les rédacteurs de *l'Avenir*, il fut celui qui prêcha le mieux d'exemple. Lamennais ne prenait

la plume qu'assez rarement, toujours avec une
vigueur singulière, mais il écrivait surtout des articles de doctrine et de principe. Le doux abbé Gerbet était peu propre aux âpretés de la polémique
quotidienne. Restaient Lacordaire et Montalembert,
les autres n'étant que d'obscurs collaborateurs. C'est
de leur rencontre dans les bureaux de *l'Avenir* (car
ils étaient jusque-là étrangers l'un à l'autre) que
date l'étroite intimité entre ces deux hommes auxquels les catholiques doivent une si grande reconnaissance. De cette rencontre, Montalembert a
rappelé, quarante ans après, le souvenir en termes
émus :

« Que ne m'est-il donné, s'écriait-il, de le peindre
tel qu'il m'apparut alors dans tout l'éclat et tout le
charme de la jeunesse! Il avait vingt-huit ans. Sa
taille élancée, ses traits fins et réguliers, son front
sculptural, le port déjà souverain de sa tête, son œil
noir et étincelant, je ne sais quoi de fier et d'élégant,
en même temps de modeste, dans toute sa personne,
tout cela n'était que l'enveloppe d'une âme qui semblait prête à déborder.... Sa voix, déjà si nerveuse et
si vibrante, prenait souvent des accents d'une
infinie douceur. Né pour combattre et pour aimer,
il m'apparut charmant et terrible, comme le type de
la vertu armée pour la vérité. » Et de son côté,
Lacordaire écrivait à propos de Montalembert cette
phrase singulière qui montre de quels préjugés son
âme était encore remplie : « Je l'aime comme s'il
était un plébéien ».

Le soi-disant plébéien, aristocrate s'il en fut, était
alors un jeune homme de vingt-deux ans, inconnu

de tous et, de quelque talent qu'il donnât déjà les
prémices, il ne pouvait que s'effacer derrière Lacordaire. À eux deux ils *faisaient le numéro*, comme on
dit en style de presse, mais Lacordaire écrivait plus
régulièrement que Montalembert. Dans les seize premiers numéros du journal, sept fois l'article principal avait été fourni par lui [1].

Tout entier à l'action et au combat, il s'appliquait
d'abord à relever le courage des catholiques, à les
ramener en ligne, à les pénétrer du sentiment de
leurs forces. Il n'admettait pas qu'on les traitât
dédaigneusement en parti vaincu, ni surtout en sectateurs d'une foi surannée et destinée à disparaître,
comme avaient disparu les religions de l'antiquité.
C'est ainsi que dans un article intitulé : *le Mouvement
d'ascension du catholicisme*, il répondait fièrement à
un article sur la décadence du catholicisme, publié
par *le Globe*, l'ancien journal des doctrinaires, dont
ils étaient personnellement sortis, mais où régnait
encore leur esprit. Après avoir montré l'Église
résistant à toutes les épreuves, non seulement à la
persécution, à l'hérésie, au schisme, mais encore
aux tentatives que les rois avaient faites pour l'asservir, Henri VIII en Angleterre, Louis XIV en
France, Joseph II en Autriche, à ce qu'il appelait le
ver rongeur de l'anglicanisme, du gallicanisme et
du joséphisme, il la montrait ensuite se développant
par la liberté dans tous les pays où elle lui avait été
accordée, et il donnait rendez-vous au *Globe* « à la

1. Les articles de *l'Avenir* n'ont pas été reproduits dans
l'édition complète des œuvres de Lacordaire. Il faut les aller
chercher dans la collection des articles de *l'Avenir*.

cinquantième année du siècle, dont ils étaient les
enfants », s'en rapportant à l'avenir du soin de tran-
cher le différend entre ceux qui prédisaient la décadence et ceux qui prédisaient l'ascension du catholicisme. Lorsque la cinquantième année du siècle
arriva, *le Globe* manqua au rendez-vous, car il avait
disparu depuis longtemps ; *l'Avenir* également, il est
vrai ; mais, à mesurer la place qu'occupent aujourd'hui
dans le monde les idées représentées par Lacordaire,
et celles représentées par *le Globe*, on peut se rendre
compte de quel côté étaient la justesse du coup
d'œil et la vérité.

Il était rare cependant que Lacordaire choisît
pour texte de ses articles des questions d'une nature
aussi abstraite et aussi vague. Il préférait en demander l'occasion aux menus faits de la politique cou-
rante, et il déployait dans sa polémique, en quelque
sorte quotidienne, cet art du journaliste, qui consiste
à s'emparer d'un incident, à le grossir, parfois en le
dénaturant, et à en tirer argument au profit de sa
thèse. Ce qui préoccupait surtout Lacordaire, à ce
moment, ce qui inspirait suivant les circonstances
sa passion ou sa verve, c'étaient les relations du
clergé avec le gouvernement nouveau, relations qui
suscitaient à chaque instant des difficultés et des
conflits. La presque totalité du clergé avait vu avec
défaveur la révolution de Juillet, et il faut avouer
que ce sentiment était de sa part assez naturel.
Ainsi que l'a dit, dans sa belle histoire, mon émi-
nent confrère, M. Thureau-Dangin, « dans les journées de Juillet, l'Église sembla vaincue au même
titre que la vieille royauté, et l'irréligion victorieuse

au même titre que le libéralisme ». Mais, vaincue ou non, l'Église avait reconnu le gouvernement nouveau, comme avaient fait les autres gouvernements de l'Europe. Le concordat n'était pas rompu, et le même lien unissait toujours l'Église à l'État. Quelle attitude devaient donc prendre les ministres de l'Église et quels étaient les droits du gouvernement?

Le gouvernement exigeait qu'évêques et curés, quels que pussent être leurs sentiments intimes, ne prissent pas vis-à-vis de lui une attitude factieuse (ce qui était le cas de quelques-uns) et qu'ils s'acquittassent, vis-à-vis de la royauté nouvelle, des devoirs dont ils s'acquittaient vis-à-vis de la royauté ancienne. Assurément la prétention n'avait rien d'excessif, mais la forme sous laquelle cette prétention se traduisait n'était pas toujours très heureuse. C'est ainsi que, plusieurs prêtres du Jura continuant de se refuser à prier pour le Roi, le préfet du département avait cru devoir leur adresser une proclamation dans laquelle, après avoir déclaré que la loi est la divinité des peuples, et que son pouvoir s'étend partout et sur tout, il les engageait à se souvenir qu'on ne doit pas recourir aux bienfaits de l'État, lorsqu'on se met en hostilité avec lui. Lacordaire relevait ce langage avec hauteur, et s'adressant non pas seulement aux prêtres du Jura, « mais à tous ceux qui prient Dieu avec un cœur d'homme », il leur disait : « Priez pour le Roi; priez pour sa famille, pour le repos de son règne et la tranquillité du monde, non pas à cause de votre préfet, mais à cause de Dieu qui le commande, à cause de vos premiers aïeux qui priaient ainsi. Du reste, sentez profondément l'indignité du langage que l'on vous tient, et voyez ce que vous coûtent les millions de l'État. » Et il continuait en montrant les ministres exigeant des prières dont la conscience des prêtres ne serait pas juge, et répondant à leurs réclamations par ce seul mot : « Vous êtes payés ». « Ils n'ont pas besoin d'être justes, s'écriait-il : vous êtes payés. Ils n'ont point de comptes à vous rendre : vous êtes payés.... A-t-on jamais traité les hommes avec plus de mépris? Ils se moquent de vos prières, et vous ordonnent de les chanter. Si vous n'obéissez pas, vous êtes des séditieux à qui le trésor sera fermé; si vous obéissez, vous leur devenez si vils, qu'il n'y a pas de termes dans les langues pour exprimer ce qu'ils pensent de vous. »

Souvent aussi il arrivait qu'un acte maladroit de quelque fonctionnaire subalterne offrait aux catholiques l'occasion d'une légitime protestation. Dans la hâte et le trouble qui marquent le lendemain d'une révolution, le gouvernement de Juillet n'avait pas toujours choisi ses agents avec beaucoup de discernement. Il en avait demandé quelques-uns à cette bohème politique ou littéraire qui, dès que l'occasion s'en offre à elle, se rue aux fonctions publiques, et montre tant d'empressement à endosser l'habit brodé. Le sous-préfet d'Aubusson devait être de ceux-là. S'inspirant, sans doute, des souvenirs du commissaire de police qui, quinze ans auparavant, avait ceint son écharpe pour enjoindre au curé de Saint-Roch de procéder à l'enterrement religieux d'une actrice célèbre, ce sous-préfet avait voulu forcer le curé d'une petite commune de son

arrondissement à recevoir dans son église le corps
d'un libre penseur notoire, et, comme le curé s'y
était refusé, il avait fait fracturer les portes du
temple, et introduire de vive force le cercueil dans
l'enceinte sacrée. Certes, le scandale était grand, et
Lacordaire avait raison de le relever. Il le fit en
termes d'une virulence excessive, mais d'une singulière éloquence :

« Catholiques, disait-il, un de vos frères a refusé
à un homme mort les prières et l'adieu suprême des
chrétiens. Votre frère a bien fait. Sommes-nous les
fossoyeurs du genre humain? Avons-nous fait un
pacte avec lui pour flatter ses dépouilles, plus malheureux que les courtisans auxquels la mort du
prince rend le droit de le traiter comme le méritait
sa vie? Votre frère a bien fait. Mais une ombre de
proconsul a cru que tant d'indépendance ne convenait pas à un citoyen si vil qu'un prêtre catholique.
Il a ordonné que le cadavre serait présenté devant
les autels, fallût-il employer la violence pour le
conduire, et crocheter les portes de l'asile où repose,
sous la protection des lois de la patrie, sous la garde
de la liberté, le Dieu de tous les hommes et du plus
grand nombre des Français. Un simple sous-préfet,
un salarié amovible a envoyé dans la maison de Dieu
un cadavre. Il a fait cela, tandis que vous dormiez
tranquilles sur la foi jurée le 7 août, tandis que l'on
exigeait de vous des prières pour bénir dans le Roi
le chef de la liberté d'une grande nation. Il a fait cela,
devant la loi qui déclare que les cultes sont libres,
et qu'est-ce qu'un culte libre si son temple ne l'est
pas, si son autel ne l'est pas, si on peut y apporter

de la boue les armes à la main? Il a fait cela à la
moitié des Français, lui, ce sous-préfet. »

Lacordaire se demandait ensuite ce qu'en présence
de cet affront devaient faire les catholiques. L'église
de la commune devait être abandonnée, car un lieu
qui est à la merci du premier sous-préfet et du premier cadavre venus n'est plus un lieu saint. Mais
toutes les églises de France devaient être abandon-
nées également. « Si vous mettiez, s'écriait-il, vos
autels dans une grange qui fût à vous, au lieu de les
mettre dans un édifice qui appartient à l'État, vous
seriez libres à jamais de ces orgies du pouvoir. La
maison de Dieu serait inviolable parce qu'elle serait
la maison d'un citoyen. On ne la regarderait plus
comme un lieu communal, propre à y parquer des
moutons en vertu du droit de vaine pâture, et si un
sous-préfet avait la folie d'y envoyer un cadavre par
un peloton de la garde nationale, toute la France,
aujourd'hui insensible à vos injures, se soulèverait
d'indignation contre lui, car il attaquerait la liberté
de tous dans votre liberté. Loin de là, qu'arrive-t-il?
L'homme qui a bravé tant de Français dans leur
religion, qui a traité un lieu où les hommes plient le
genou avec plus d'irrévérence qu'il ne s'en serait
permis à l'égard d'une étable, cet homme, il est au
coin de son feu, tranquille et content de lui. Vous
l'auriez fait pâlir, si, prenant votre Dieu déshonoré,
le bâton à la main et le chapeau sur la tête, vous
l'eussiez porté dans quelque hutte faite avec des
planches de sapin, jurant de ne pas l'exposer une
seconde fois aux insultes des temples de l'État. »

Lacordaire ne laissait passer, comme on vient de

le voir, aucune occasion de montrer aux prêtres,
ses frères, la situation humiliante où les mettait
vis-à-vis du gouvernement « la nécessité de passer
tous les mois à la caisse du percepteur ». Cependant ce péril n'était rien, aux yeux de Lacordaire,
par comparaison avec d'autres dangers plus graves.
Que le clergé abandonnât ses temples, qu'il rejetât
fièrement l'or qu'on lui offrait pour payer sa servitude, et du jour au lendemain le péril était conjuré : le présent et l'avenir se trouvaient sauvés du
même coup. Il en serait autrement si ce clergé, que
Lacordaire conviait à l'indépendance, était souillé
dans la pureté de son recrutement. Ce recrutement
dépendait des évêques qui nomment les curés ; mais
ces évêques eux-mêmes étaient nommés par l'État.
La pensée que les pasteurs suprêmes de l'Église
pussent être proposés au choix du Souverain Pontife
et imposés aux catholiques par des ministres qui ne
partageraient pas leur foi le faisait frémir. Il y
voyait un moyen assuré d'abaisser l'Église de France
en la frappant d'abord à la tête, et, pour traduire les
appréhensions que lui inspirait ce noir dessein des
ministres, il trouvait des accents d'une extraordinaire véhémence :

« Quelle sera pour nous, s'écriait-il, la garantie de
leur choix ? Depuis que la religion catholique n'est
plus la religion de la patrie, les ministres de l'État
sont et doivent être dans une indifférence légale à
notre égard : est-ce leur indifférence qui sera notre
garantie ? Ils sont laïques ; ils peuvent être protestants, juifs, athées ; est-ce leur conscience qui sera
notre garantie ? Ils sont choisis dans les rangs d'une

société imbue d'un préjugé opiniâtre contre nous.
Est-ce leur préjugé qui sera notre garantie? Ils
règnent sur la société depuis quatre mois. Est-ce
leur passé qui sera notre garantie? Ils n'ont ouvert
la bouche que pour nous menacer; ils n'ont étendu
la main que pour abattre nos croix; ils n'ont signé
d'ordonnances que pour sanctionner des actes arbi-
traires dont nous étions les victimes; ils ont laissé
debout les agents qui violaient nos sanctuaires; ils
ne nous ont pas protégés une seule fois, sur aucun
point de la France; ils nous ont offerts en holo-
causte prématuré à toutes les passions; voilà les
motifs de sécurité qu'ils nous présentent! » Aussi
Lacordaire s'adressait-il aux évêques de France eux-
mêmes pour les supplier de ne pas accepter leurs
futurs collègues de la main de ces ministres, et il
s'efforçait de les émouvoir en leur décrivant, en traits
éloquents, l'état où l'Église de France serait réduite
par un épiscopat recruté au rabais. « A mesure que
vous vous éteindrez, disait-il aux évêques, ils pla-
ceront sur vos sièges des hommes honorés de leur
confiance, dont la présence décimera vos rangs sans
en détruire encore l'unité. Un reste de pudeur s'effa-
cera plus tard de leurs actes; et l'ambition conclura
sous terre des marchés horribles.... Un épiscopat
qui sortira d'eux est un épiscopat jugé. Qu'il le
veuille ou non, il sera traître à la religion. Jouet
nécessaire des mille changements qui transportent
le pouvoir de main en main, il marquera dans vos
rangs toutes les nuances ministérielles et anticatho-
liques que les majorités vont adorer tour à tour
comme leur ouvrage. D'accord en un seul point, les

évêques nouveaux plieront leur clergé à une soumission tremblante devant les caprices les plus insensés d'un ministre ou d'un préfet, et dans cette Babel la langue de la servilité est la seule qui ne variera jamais. »

Aussi la question lui paraissait-elle tellement grave, que si les évêques demeuraient sourds à ces protestations, s'ils acceptaient dans leurs rangs, s'ils considéraient comme leurs frères des collègues dont l'origine fût impure, Lacordaire annonçait, au nom des rédacteurs de *l'Avenir*, qu'ils adresseraient leurs protestations à Rome. « Nous les porterons pieds nus, s'il le faut, s'écriait-il en terminant cet article demeuré célèbre, à la ville des apôtres, aux marches de la confession de Saint-Pierre, et on verra qui arrêtera sur la route les pèlerins de Dieu et de la liberté [1]. »

Lacordaire annonçait ainsi, plusieurs mois à l'avance (car l'article est de novembre 1830), le voyage qui devait mettre fin aux polémiques soulevées par l'apparition de *l'Avenir*. Avant que ce voyage s'accomplît, il devait avoir encore plus d'une occasion de rompre des lances en faveur de la thèse qu'il avait adoptée : celle de l'indépendance absolue du prêtre qui, désormais, devait être, en France, un citoyen comme les autres, n'invoquant aucun privi-

---

1. A la fin de sa vie, Lacordaire reconnaissait loyalement que ses griefs contre le gouvernement de Juillet étaient empreints d'une certaine exagération. « *L'Avenir*, a-t-il écrit, eut contre le pouvoir issu de 1830 une attitude trop aggressive, pour ne pas dire trop violente.... Il eût mieux valu qu'une parole moins âpre honorât nos plaintes, et que notre style se ressentît plus du christianisme que de la licence des temps. »

lège, mais n'acceptant aucune servitude, ne relevant que de ses chefs spirituels et n'obéissant qu'aux lois. Il voulut tout d'abord montrer par un exemple éclatant que l'exercice du sacerdoce n'avait rien d'incompatible avec celui de telle ou telle profession libérale. Dans cette pensée, il adressa, le 30 décembre 1830, au bâtonnier de l'ordre des avocats près la cour de Paris, une lettre pour le prévenir qu'il comptait reprendre son stage, interrompu au bout de dix-huit mois par ses études religieuses. Le conseil de l'ordre, qui ne se souciait point de voir figurer un prêtre sur son tableau, refusa après une discussion longue et orageuse. Lacordaire ne put donc, comme il l'avait souhaité, endosser la robe par-dessus la soutane pour défendre devant les tribunaux les intérêts catholiques ; mais l'occasion ne lui manqua pas de mettre sa parole et son éloquence naissante au service de la conception qu'il se faisait du prêtre et de son rôle dans la société. C'est ainsi qu'il eut à discuter devant les tribunaux cette question qui, aujourd'hui encore, ne semble point résolue pour certains esprits : le prêtre est-il ou n'est-il pas un fonctionnaire ?

Dans la dernière année de la Restauration, il avait, comme aumônier du lycée Henri IV, publié avec ses collègues un mémoire où ils signalaient au Ministre de l'instruction publique l'état déplorable de l'enseignement religieux dans les lycées et les collèges. Un journal universitaire, *le Lycée*, avait pris ce mémoire à partie d'une façon violente ; il le dénonçait comme un modèle de délation et d'hypocrisie, et il demandait que l'enseignement religieux dans

les collèges fût enlevé à des hommes si pervers, qui
étaient les ennemis les plus acharnés de la liberté.
Lacordaire intenta immédiatement contre le journal
une poursuite en diffamation devant le tribunal correctionnel, c'est-à-dire devant la juridiction de droit
commun. Mais, au cours du procès, une question
de compétence fut soulevée par le représentant du
ministère public. Les aumôniers n'étaient-ils pas
des fonctionnaires publics? En ce cas, ce ne serait
pas le tribunal correctionnel, mais le jury auquel il
appartiendrait de connaître de la plainte. Pour établir l'incompétence du tribunal, l'Avocat du Roi
(nous dirions aujourd'hui le substitut) eut un mot
malheureux : « Les prêtres, dit-il, sont les ministres
d'un souverain étranger ». A ces mots, Lacordaire
se leva tout debout : « Non, monsieur, cela n'est
pas, dit-il d'une voix vibrante; nous sommes les
Ministres de quelqu'un qui n'est étranger nulle part,
de Dieu ». Dieu était à la mode alors, si le Pape ne
l'était pas. L'auditoire éclata en applaudissements,
et à la sortie de l'audience, quelqu'un se détachant
du public, vint serrer la main de Lacordaire et lui
dit : « Mon curé, vous êtes un brave homme. Comment vous appelez-vous? »

Cependant le tribunal avait donné raison à l'Avocat
du Roi et s'était déclaré incompétent. Mais le Procureur du Roi, désavouant son subordonné, avait
interjeté appel sur la question de compétence et,
devant la Cour, il soutint, en termes très élevés,
que le prêtre n'était pas et ne pouvait pas être un
fonctionnaire, fût-il aumônier. Lacordaire avait gardé
le silence en première instance. Devant la cour il

accepta le débat et il l'élevait aussitôt à la hauteur
d'une discussion philosophique. « Qu'est-ce qu'un
prêtre? disait-il. Un prêtre est un homme qui raconte
aux hommes la parole de Dieu et qui la bénit en son
nom.... Le prêtre est l'homme de cette parole; sa
fonction est de la redire. De qui tient-il cette fonction? De celui-là seul qui a pu la lui donner : de
Dieu. Or Dieu ne fait pas des fonctionnaires publics.
Il fait des hommes. Le prêtre ne tient son titre que
de Dieu et de sa conscience, parce qu'il ne tient sa
foi que de Dieu et de sa conscience. Je sais bien
qu'il fut des temps où la foi des hommes était justiciable de la loi, où la liberté de conscience n'exis-
tait pas dans le monde. Mais ces temps ne sont plus.
Après plusieurs siècles de combats, le sang des
peuples et la charte de France ont fondé la liberté
religieuse; elle est impérissable. Dieu est devenu
libre de la liberté du citoyen; nous n'en réclamons
pas d'autre pour lui; nous désirons seulement qu'il
soit citoyen de France. »

Ici quelques murmures partirent de l'auditoire,
qui était, cette fois, peu favorable à Lacordaire, et
qui semblait scandalisé de la hardiesse de cette
parole. Sans rien perdre de son sang-froid, il se
retourna vers ses interrupteurs, et leur lança cette
apostrophe : « Messieurs, si je connaissais un plus
beau titre au monde que celui de citoyen de France,
un meilleur moyen d'être libre que de le porter, je
le donnerais à celui qui a bien voulu être l'esclave
des hommes pour leur acquérir la liberté ». Repre-
nant ensuite son argumentation, il démontra que ni
le concordat, ni le code pénal, ni telle ou telle dis-

position spéciale à l'Université n'avaient pu altérer
le caractère du prêtre d'être un homme privé, et il
terminait en disant : « Je réclame pour moi, messieurs, ce titre sublime; je le défendrai comme ma
propre vie, comme mon honneur, comme l'honneur
de tous ceux qui le portent avec moi ».

La Cour de Paris ne se rendit ni aux raison-
nements juridiques du Ministère public, ni à l'éloquence enflammée de Lacordaire, et elle persista à
déclarer qu'un aumônier est un fonctionnaire public.
Mais, quelques mois après, un arrêt de la Cour de
cassation, rétablissant la véritable doctrine, cassait
un arrêt rendu par la même Cour de Paris dans une
affaire semblable, et proclamait que le prêtre n'est
pas un fonctionnaire. M. Dupin, qui était alors Procureur général, avait conclu nettement dans ce sens.

Lacordaire eut encore une occasion retentissante
de discuter devant les tribunaux une question à
laquelle les années écoulées n'ont rien enlevé de son
intérêt, celle de l'obéissance que le prêtre doit aux
lois quand il les croit mauvaises, quand sa conscience lui commande de réclamer leur abrogation.
Cette fois, ce n'était plus en qualité de plaignant,
mais en qualité d'accusé, qu'il comparaissait. Il fut
cité, en même temps que Lamennais, devant la Cour
d'assises, pour avoir, dans plusieurs articles de
l'Avenir (entre autres dans un de ceux que j'ai cités),
commis le double délit d'excitation à la haine et au
mépris du gouvernement, et de provocation à la
désobéissance aux lois. Lamennais, qui n'avait aucun
des dons de l'orateur, fut défendu longuement par
M. Janvier. Lacordaire ne put prendre la parole

qu'à sept heures et demie du soir, devant un auditoire passionné, vibrant, qui l'interrompait à chaque instant par ses applaudissements.

Après avoir, dans un magnifique exorde, raconté comment il était devenu d'abord chrétien, puis prêtre, il abordait les deux chefs d'accusation : « Si j'ai provoqué à la désobéissance aux lois, j'ai commis une faute grave, car les lois sont sacrées. Elles sont, après Dieu, le salut des nations, et nul ne doit leur porter un respect plus grand que le prêtre, chargé d'apprendre aux peuples d'où leur vient la vie et d'où leur vient la mort. Cependant, je l'avoue, je n'éprouve pas pour les lois de mon pays cet amour célèbre que les peuples anciens portaient aux leurs. Car le temps n'est plus où la loi était l'expression véritable des traditions, des mœurs et des dieux d'un peuple ; tout est changé ; mille époques, mille opinions, mille tyrannies, se heurtent dans notre législation confuse, et ce serait adorer ensemble la gloire et l'infamie que de mourir pour de telles lois. Il en est une cependant que je respecte, que j'aime, que je défendrai : c'est la Charte de France ; non pas que je m'attache aux formes variables du gouvernement représentatif avec une immobile ardeur, mais parce que la charte stipule la liberté, et que dans l'anarchie du monde, il ne reste aux hommes qu'une patrie : la liberté. »

Il se défendait ensuite d'avoir voulu exciter à la haine et au mépris du gouvernement. Mais il revendiquait avec fierté son droit d'exposer les griefs que nourrissait l'Église catholique. « Ces griefs, disait-il, sont nombreux ; les croix, les églises, les personnes,

ont été outragées en beaucoup de lieux; l'enseignement a été entravé par des mesures nouvelles; mille
despotes subalternes ont fait contre nous de la
tyrannie au nom de la liberté.... — J'ai été sensible,
messieurs, à ces injures de mes frères; j'ai élevé
pour eux et pour moi-même une voix animée par
les sentiments de notre dignité commune à tous,
car tous, et vous avec nous, nous sommes des
citoyens de la France, de ce pays libre, auquel
chacun est comptable de son honneur, tenu de le
défendre, tenu de repousser l'injure et l'oppression. Je l'ai fait autant qu'il dépendait de moi; mon
devoir est accompli. Le vôtre est de me renvoyer
absous de cette accusation... Je vous propose donc
d'acquitter Jean-Baptiste-Henri Lacordaire, attendu
qu'il n'a point failli, qu'il s'est conduit en bon
citoyen, qu'il a défendu son Dieu et sa liberté, et
je le ferai toute ma vie, messieurs. »

Lacordaire et Lamennais furent acquittés en effet.
L'arrêt fut prononcé à minuit, au milieu des applaudissements de l'auditoire, et Montalembert, après
avoir, dans l'obscurité, le long des quais, accom-
pagné jusqu'à sa porte le vainqueur de la journée,
pouvait saluer en lui le grand orateur catholique de
l'avenir.

Enfin Lacordaire joua son rôle, à côté de Montalembert, dans le procès demeuré célèbre sous le
nom de procès de l'École libre. On sait que tous
deux furent cités devant la Cour des Pairs, dont
Montalembert était justiciable, pour avoir ouvert,
sans autorisation, une école enfantine, en s'appuyant
de l'article de la Charte qui promettait de pour-

voir dans le plus bref délai possible à la liberté
d'enseignement. Devant ce tribunal imposant Montalembert parla le premier. L'effet de son discours
fut immense et rendait singulièrement difficile la
situation de Lacordaire qui, comptant avec raison
sur sa merveilleuse faculté d'improvisation, s'était ré-
servé pour répondre au Procureur général M. Persil.
Son exorde est demeuré fameux. « Nobles Pairs,
disait-il, je regarde et je m'étonne. Je m'étonne de
me voir aux bancs des prévenus, tandis que M. le
Procureur général est au banc du Ministère public.
Je m'étonne que M. le Procureur général ait osé se
porter mon accusateur, lui qui est coupable du même
délit que moi, et qui l'a commis dans cette enceinte
où il m'accuse devant vous, il y a si peu de temps.
Car de quoi m'accuse-t-il? D'avoir usé d'un droit
écrit dans la Charte et non encore réglé par une loi.
Et lui vous demandait naguère la tête de quatre ministres, en vertu d'un droit écrit dans la Charte et
non encore réglé par une loi. S'il a pu le faire, j'ai
pu le faire aussi, avec cette différence qu'il demandait du sang, et que je voulais donner une instruction
gratuite aux enfants du peuple. Si M. le Procureur
général est coupable, comment m'accuse-t-il, et s'il
est innocent, comment m'accuse-t-il encore? »

Il continuait, réfutant pied à pied les arguments
du Procureur général qui prétendait donner force
de loi aux décrets impériaux constitutifs de l'Université, et ce retour sur le passé était pour lui l'occasion
d'attaquer l'Université en termes dont les passions
de l'époque peuvent seules expliquer la violence.
— Enfin, dans une péroraison un peu pompeuse,

après avoir rappelé le procès de Socrate, « cette première et fameuse cause de la liberté d'enseignement », il ajoutait : « Quand Socrate était prêt à quitter ses juges, il leur dit : « Nous allons nous « quitter, vous pour vivre, moi pour mourir ». Ce n'est pas ainsi, mes nobles juges, que nous nous quitterons. Quel que soit votre arrêt, nous sortirons d'ici pour vivre ; car la liberté et la religion sont immortelles, et les sentiments d'un cœur pur, que vous avez entendu de notre bouche, ne périssent pas davantage. » Les accusés furent condamnés à cent francs d'amende. C'était un acquittement. De ce jour la liberté de l'enseignement primaire était moralement conquise, et, cette fois du moins, le service rendu était en proportion du bruit.

Tout cela faisait cependant bien du tapage. De la part de laïques, rien n'eût été plus légitime. A certains moments, les enfants perdus font gagner à une armée plus de terrain que les régiments d'élite. Mais que ce fussent deux prêtres qui menassent la bande, et que leurs efforts tendissent, non sans quelque succès, à entraîner le clergé à leur suite, c'était là qu'était le danger, et il était assez naturel que l'autorité ecclésiastique s'en inquiétât. Les doctrines de *l'Avenir* jetaient la division dans l'Église de France. Elles trouvaient un écho dans les presbytères de campagne, auprès de certains jeunes prêtres que ravissaient la générosité et la hardiesse un peu révolutionnaire de ces accents. Mais l'unanimité de l'épiscopat les tenait en légitime suspicion. Sans compter que leurs origines et leurs affections rattachaient la plupart des évêques au régime tombé,

il leur paraissait avec raison peu sûr, au lendemain
d'une révolution où l'explosion des passions antica-
tholiques s'était fait jour dans quelques endroits d'une
façon furieuse, d'abandonner bénévolement leurs
palais épiscopaux et leurs cathédrales, pour habiter
des huttes de sapin ou des granges, et de s'en rapporter pour leur pain quotidien à la générosité des
fidèles. Quant à la liberté absolue de la presse dont
l'Avenir faisait une sorte de dogme, elle leur inspirait
plus de terreur que de sympathie. Aussi ne voyaient-
ils pas sans inquiétude ces idées si nouvelles pénétrer
dans leurs séminaires, mettant aux prises les jeunes
recrues du clergé dans des controverses ardentes.
Les uns écartèrent des ordres les séminaristes qui
s'étaient prononcés dans le sens de *l'Avenir*; les
autres destituèrent des professeurs de théologie,
coupables d'en avoir adopté les principes. Quelques-
uns allèrent jusqu'à interdire à leurs prêtres la lecture du journal lui-même.

D'autre part, en dehors du clergé, *l'Avenir* trouvait peu d'appui. Les royalistes ne pouvaient pardonner à ses rédacteurs de séparer la cause de
l'Église et celle de la royauté légitime. Les libéraux
n'avaient point confiance dans la sincérité de leur
libéralisme, et il faut avouer que le souvenir des
anciennes professions de foi absolutistes de Lamennais rendait leur méfiance assez excusable. Tant
d'hostilités, de nature si diverse, ne pouvaient que
nuire à la fortune de *l'Avenir*. Les quatre-vingt mille
francs réunis pour la fondation du journal étaient
dissipés depuis longtemps. Le nombre des abonnés,
qui n'avait jamais dépassé douze cents, allait en

diminuant. Il fallait prendre un parti. Ce fut Lacordaire qui le suggéra. L'épiscopat les condamnait; le nonce lui-même les désavouait publiquement. Quoi de plus respectueux et de plus conforme aux principes ultramontains professés par eux que d'en appeler à Rome? Il fallait suspendre la publication du journal, et, comme Lacordaire, plusieurs mois auparavant, en avait annoncé le dessein, porter le litige « aux marches de la confession de Saint-Pierre ». Au point de vue de la prudence humaine la proposition était peut-être imprudente; mais elle était loyale et fière, et je ne saurais trouver très juste le reproche que, depuis, Lacordaire et Montalembert ont adressé à Lamennais de l'avoir acceptée.

CHAPITRE IV

RUPTURE AVEC LAMENNAIS
MONTALEMBERT ET MADAME SWETCHINE

« Les trois pèlerins de Dieu et de la liberté », c'est-à-dire Lamennais, Lacordaire et Montalembert partirent ensemble. Ensemble, ils suivirent cette route de la Corniche que Lamennais devait si bien décrire dans ses affaires de Rome : « D'Antibes à Gênes la route côtoie presque toujours la mer, au sein de laquelle ses bords charmants découpent leurs formes sinueuses et variées, comme nos vies d'un instant dessinent leurs fragiles contours dans la durée immense, éternelle ». Ensemble, ils purent admirer « les inépuisables richesses d'une nature tour à tour imposante et gracieuse, qui s'empare de l'âme, y apaise les tumultueuses pensées, les amers ressouvenirs, et les prévoyances inquiètes ». Ces tumultueuses pensées et ces prévoyances inquiètes qui déjà travaillaient si fort l'âme de Lamennais n'agitaient point cependant celle de Lacordaire.

Lacordaire accomplissait le pèlerinage dans la simplicité de son cœur. Sans doute, il espérait obtenir une approbation pour des doctrines dont, sous la forme absolue et universelle que *l'Avenir* leur avait donnée, son inexpérience ne mesurait pas encore l'imprudence et l'audace. Mais, s'ils étaient condamnés, l'incertitude sur la conduite à tenir ne traversait même pas son esprit, et, au cours du voyage, le dissentiment qui devait un jour séparer les deux hommes, se traduisit déjà par certains symptômes.

Le séjour à Rome ne fit que l'accentuer davantage. Ce n'était pas la première fois que Lamennais se rendait *ad limina apostolorum*. Il y était venu au lendemain de l'éclatant succès du premier volume de l'*Essai sur l'Indifférence*, et il avait même logé au Vatican. Léon XII lui avait fait l'accueil le plus flatteur. Il avait été jusqu'à le désigner (du moins, on l'a toujours cru), dans un consistoire, « comme un écrivain accompli, dont les œuvres avaient non seulement rendu grand service à la religion, mais étonné et réjoui l'Europe » et auquel il se réservait de conférer prochainement la pourpre. Lamennais était revenu enchanté de cet accueil, et il n'avait rien aperçu à Rome de ce qu'il y devait découvrir à ce second voyage. Si *la part d'humanité*, pour reprendre une jolie expression de Mme de la Fayette, qui se mêle en ce monde à toutes choses, religieuses ou non, paraît plus sensible à Rome qu'ailleurs, c'est peut-être parce qu'on voudrait qu'elle le fût moins. Lamennais, mal reçu, ne voulut rien voir que cette part, et c'est ainsi qu'il a pu écrire : « On a dit que Rome était la patrie de ceux qui n'en avaient point.

Nous ne concevons pas qu'elle puisse être pour personne une patrie, selon le sens ordinaire de ce mot. On peut venir là pour y mourir, mais non pour y vivre ; car de vie, à peine y en a-t-il une ombre. Nul mouvement, si ce n'est le mouvement caché d'une foule de petits intérêts qui rampent et se croisent au sein des ténèbres, comme les vers au fond du sépulcre. Pouvoir et peuple vous apparaissent tels que des fantômes du passé. La cité reine, assise au milieu d'un désert, est devenue la cité de la mort : elle y règne dans toute sa puissance et sa majesté formidable. »

Tout autre fut l'impression de Lacordaire, dès le lendemain de son arrivée. De la cité de mort il subit au contraire le charme et il comprit la grandeur. Il avait débarqué tout poudreux de la lutte, convaincu que, de l'arrêt que Rome allait rendre, dépendaient les destinées futures de l'Église, et qu'elle était, humainement du moins, perdue, si elle ne demandait son salut aux doctrines de *l'Avenir*. Au bout de peu de jours il s'aperçut que ces luttes, au fracas desquelles il avait cru le monde suspendu, n'avaient produit à Rome qu'une médiocre impression. Des intérêts non moins graves attiraient ses regards tantôt ici, tantôt là, en Asie ou en Amérique, aussi bien qu'en Europe. Elle avait à veiller sur toute la terre, et *l'Avenir* n'était qu'un bien petit coin, où l'on avait peut-être fait seulement un peu plus de bruit qu'ailleurs. Il fallait se taire et attendre. C'est ce que comprit aussitôt Lacordaire. Mais en même temps, suivant l'expression du père Chocarne, il comprit Rome, et, à son retour, il en devait

parler en termes qu'il est intéressant de mettre en
parallèle (non point au point de vue de la forme,
car la supériorité ne serait point de son côté)
avec ceux dont s'est servi Lamennais : « O Rome,
s'écriait-il, j'ai visité, avec un amour infini, les
reliques toujours jeunes de tes saints, et les reliques, admirables aussi, de toutes tes grandeurs.
Après tant de siècles, je t'ai trouvée debout. Au
milieu des orages de l'Europe, il n'y avait en toi
aucun doute de toi-même, aucune lassitude ; ton
regard, tourné vers les quatre faces du monde, suivait avec une lucidité sublime, le développement des
affaires humaines, dans leur liaison avec les affaires
divines. La croix brillait sur ton front, comme une
étoile dorée et immortelle ; mais c'était toujours la
croix. »

Malgré cette divergence de vues que le temps
devait rendre plus profonde encore, ce fut à Lacordaire que les trois amis confièrent la rédaction du
Mémoire où ils entendaient tout à la fois exposer
leurs doctrines, et faire l'apologie de leur conduite
personnelle, Mémoire qui était destiné à passer sous
les yeux du Saint-Père. Pas plus que les articles de
l'Avenir, on ne trouvera ce mémoire dans les œuvres
complètes de Lacordaire. C'est dans celles de Lamennais qu'il faut aller le chercher, car celui-ci l'a inséré
tout au long, non sans malice, dans le volume des
Affaires de Rome. Cet écrit, peu connu, est un curieux
mélange de vues justes sur la situation de l'Église
catholique en France, et de conclusions excessives.
Après avoir montré les inconvénients et les périls
qui étaient résultés de l'intimité trop étroite de

l'Église avec le gouvernement de la Restauration, Lacordaire y montrait la nécessité pour elle de renoncer à toute alliance avec les partis. En prenant cette attitude, l'Église devenait inviolable pour tous ; elle choisissait, au-dessus des passions, sa vraie place, et elle accomplissait la mission de paix qu'elle a reçue de Jésus-Christ. Mais pour assurer à l'Église cette situation, deux sacrifices étaient nécessaires : celui des affections politiques et celui du budget du clergé. Il fallait sacrifier les affections purement politiques, non pas en ce sens qu'on effacerait de sa mémoire les bienfaits reçus, qu'on détruirait le penchant du cœur pour de grandes infortunes, qu'on deviendrait hostile à ceux qu'on avait aimés, mais en ce sens que, plaçant la religion au-dessus des intérêts de parti, aucun chrétien ne la ferait servir au triomphe d'une cause terrestre. Quant au budget du clergé, en principe c'était une dette. Mais le gouvernement le considérait comme un salaire, et l'opinion publique avec lui. « Vous êtes payés par l'État, disait-on aux prêtres. Pourquoi vous plaignez-vous de le servir ? » Que l'Église renonçât d'elle-même à réclamer le paiement de cette dette, et, par là, elle se trouverait pleinement dégagée de tous les liens qui l'assujétissaient à l'État. Moyennant ce double sacrifice, l'Église catholique acquerrait une liberté qu'elle n'avait jamais connue, et la religion catholique, compromise par une fausse politique, recouvrerait sur les âmes l'empire qu'elle avait perdu.

En relisant ce mémoire, où sont exprimées des considérations si judicieuses sur les dangers que les alliances politiques font courir à l'Église, il est impossible de ne pas se demander quel accueil il aurait reçu, si le Saint-Siège avait été occupé, il y a cinquante ans, comme il l'est aujourd'hui. Assurément cette thèse hardie qui faisait un devoir à l'Église de rompre toute attache avec l'État n'aurait point reçu une approbation expresse, car l'Église n'a point coutume de courir volontairement les aventures. Mais, d'un autre côté, entre la doctrine du sacrifice nécessaire des affections politiques à l'intérêt supérieur de la religion, et les recommandations adressées aux catholiques dans une Encyclique récente, il y a une analogie trop frappante pour qu'il ne soit pas permis de se demander si la seconde partie du Mémoire n'aurait pas obtenu la grâce de la première. Malheureusement, Grégoire XVI n'était pas Léon XIII : c'était un pontife plutôt mystique que politique, pieux mais timoré, qui ceignait la tiare au moment où, par les événements de Juillet, tous les trônes de l'Europe se sentaient plus ou moins ébranlés. Dans cette crise, *l'Avenir* avait pris parti pour les peuples contre les rois, et Grégoire XVI se sentait solidaire des autres souverains. Il était donc inévitable que la campagne de *l'Avenir* lui inspirât une invincible terreur. Néanmoins, sans l'incroyable insistance que Lamennais mit à solliciter en quelque sorte sa condamnation formelle, il est possible qu'une improbation tacite eût paru suffisante. Après la réception de leur mémoire, le Souverain Pontife avait fait répondre aux rédacteurs de *l'Avenir*, par l'intermédiaire du cardinal Pacca, que « tout en rendant justice à leurs talents et à leurs bonnes intentions, il était mécontent qu'on eût remué depuis peu certaines controverses et opinions au moins dangereuses, et qu'il ferait suivant leur désir examiner leurs doctrines, mais que, cet examen pouvant être fort long, ils pouvaient retourner en France, où l'on prendrait soin de les avertir, lorsqu'il serait terminé ».

Ce fut sur la conduite à tenir en réponse à cet avis discret qu'éclata le premier dissentiment ouvert entre Lacordaire et Lamennais. Le Mémoire adressé au Pape au nom des rédacteurs de *l'Avenir* se terminait par cette déclaration « qu'ils étaient dociles à sa voix comme de petits enfants ». La première marque à donner de cette docilité n'était-elle pas de prendre le conseil comme un ordre, et de s'en retourner en France, au lieu de continuer à Rome un séjour dont la prolongation semblait une sorte de mise en demeure. Ce fut l'avis très net et très hautement déclaré de Lacordaire, avis qu'il ne put faire partager ni par Lamennais ni par Montalembert. Retourner à Paris, sans avoir obtenu l'approbation expresse des doctrines de *l'Avenir*, apparaissait à Lamennais comme une marque non de docilité, mais de défaillance; et quant à Montalembert, qui était entièrement sous le joug de Lamennais, le fait de laisser seul à Rome celui avec lequel ils y étaient arrivés lui semblait un acte d'ingratitude et d'abandon. Lacordaire prit alors son parti de rompre le faisceau, et il quitta Rome le 15 mars 1832, « avec les plus tristes pressentiments et les plus tristes adieux ».

La situation où Lacordaire allait se trouver en arrivant à Paris était difficile. Si étroite était l'intimité où vivaient les rédacteurs de *l'Avenir* que Lamennais et Lacordaire demeuraient ensemble, 98, rue de Vaugirard, dans un appartement composé de trois petites pièces dont le bail était sous le nom de Lacordaire. Il ne pouvait guère s'établir ailleurs, et, d'un autre côté, prendre gîte sous le même toit que Lamennais c'était s'engager en quelque sorte de nouveau dans des liens dont il était déjà préoccupé de l'affranchir. De plus, il était sans occupations. Depuis longtemps il avait résigné, pour entrer dans la rédaction de *l'Avenir*, ses modestes fonctions d'aumônier de la Visitation, et, à sa nature ardente, cette situation de prêtre oisif devait singulièrement peser. Les circonstances ne tardèrent pas à fournir un élément à son activité.

Le choléra venait d'éclater à Paris. Depuis la révolution de Juillet le service de l'aumônerie était désorganisé dans les hôpitaux, et les préventions du peuple contre l'habit ecclésiastique étaient encore telles que les prêtres ne pouvaient s'y introduire que sous des vêtements laïques. Ce fut en se mêlant aux étudiants, qui accompagnaient les visites du médecin, que Lacordaire pénétrait ainsi chaque jour dans un hôpital temporaire établi aux Greniers d'abondance, cherchant à discerner dans la foule des malades quels étaient ceux qui accepteraient son ministère. « Est-ce qu'il n'y aurait pas un curé ? lui demandait un militaire, au chevet de sa femme apportée mourante. — Moi je le suis », répondit Lacordaire, et il ajoutait dans une lettre où il racontait cette histoire : « On est heureux de se trouver juste pour sauver une âme et faire plaisir à un homme ».

Lacordaire retrouvait ainsi dans l'exercice de ce premier devoir du prêtre, le ministère des âmes, quelque chose du calme que les ardeurs de la polémique avaient troublé chez lui. En même temps il se préparait, par des études de théologie et d'histoire, au moment où ceux qui pensaient comme lui « pourraient reparaître aux applaudissements de l'immense majorité des catholiques et du clergé avec la force d'hommes qui ont su se taire ». « Le silence, ajoutait-il, dans une lettre à Montalembert, est, après la parole, la seconde puissance du monde. »

Le silence n'était pas une puissance que Lamennais fût disposé à appeler à son aide. Assez peu de temps après avoir écrit cette lettre, Lacordaire fut informé que Lamennais, ne pouvant obtenir de Rome une sentence formelle, se disposait à revenir à Paris pour y reprendre la publication de *l'Avenir*. Déjà il avait fait part de son nouveau plan de campagne à quelques-uns de ses anciens collaborateurs. Attendre Lamennais, dans cette maison de la rue Vaugirard où il ne pouvait manquer de descendre, discuter avec lui ce projet de reprise de *l'Avenir*, lui refuser sa collaboration, c'était la rupture violente. Lacordaire recula devant cette extrémité. Il résolut de quitter Paris, et ayant entendu dire que Munich était une ville où la vie matérielle était peu dispendieuse et les ressources intellectuelles abondantes, il emprunta cent écus pour s'y rendre, résolu d'y continuer, au moins pendant quelque temps, les études entreprises par lui. Un singulier hasard le fit courir au-devant de celui-là même qu'il fuyait. Lamennais et Montalembert, revenant de Rome par le

Tyrol, arrivèrent à Munich presque en même temps que lui, et ce fut, chacun le sait, à la sortie d'un banquet à eux offert, que Lamennais reçut la communication de la célèbre Encyclique *Mirari vos* où quelques-unes des doctrines sociales et politiques de *l'Avenir* étaient l'objet d'une censure assez dure, sans que cependant il y fût fait mention ni du titre du journal ni du nom d'aucun de ses rédacteurs.

Au premier moment, Lacordaire put croire qu'entre lui et ses anciens collaborateurs de *l'Avenir* l'accord était complet sur la conduite à tenir. « Nous ne devons pas hésiter à nous soumettre », avait été le premier mot de Lamennais à ses deux compagnons, et, dès le lendemain, il proposait à leur signature une formule par laquelle ils déclaraient se retirer de la lice où ils avaient loyalement combattu, engageant instamment leurs amis à donner le même exemple de soumission chrétienne. Aussi Lacordaire ne fit-il aucune difficulté, Montalembert les ayant quittés à Strasbourg, de reprendre avec Lamennais le chemin de Paris. Comme ils montaient ensemble, à pied, une côte près de Saverne : « Lacordaire, s'écria Lamennais, si nous ajoutions à notre déclaration les mots : quant à présent ! » Ces mots auraient pu lui ouvrir les yeux sur les projets qui germaient déjà dans cette âme impatiente. Un plus sagace que lui ne s'y trompa pas. Sainte-Beuve, qui s'était quelque peu mêlé au mouvement de *l'Avenir*, comme il se mêla à celui des Saint-Simoniens, vint, la curiosité sans doute le poussant, rendre visite aux deux hôtes de l'appartement à peine meublé de la rue de Vaugirard. Dans une pièce du rez-de-chaussée, il trouva Lamennais s'exprimant, avec une grande liberté de langage, sur tout ce qui lui avait déplu à Rome, et parlant en particulier de Grégoire XVI « comme d'un de ces hommes qui sont destinés à amener les grands remèdes désespérés ». Il monta ensuite au premier où il trouve Lacordaire, parlant avec une extrême réserve et soumission des mécomptes qu'ils avaient éprouvés, et comparant les doctrines de *l'Avenir* « au grain qui, même en le supposant de bonne nature, a besoin de dormir sous terre tout un hiver ». Si Lacordaire eût été homme à demander conseil à Sainte-Beuve, celui-ci n'eût pas manqué de lui prédire ce qui allait se passer à la Chesnaye.

L'humble demeure, dont le nom est demeuré si célèbre, allait être en effet témoin d'un de ces drames silencieux où se jouent les destinées des âmes. Lamennais s'y était réfugié, pour cacher sa défaite, en compagnie de l'abbé Gerbet et de quelques autres disciples fidèles auxquels Lacordaire n'avait pas cru devoir refuser de se joindre. « La Chesnaye, a écrit depuis Lacordaire, avait repris son caractère accoutumé, mélangé à la fois de solitude et d'animation ; mais si les bois avaient leurs mêmes silences et leurs mêmes tempêtes, si le ciel de l'Armorique n'était pas changé, il n'en était pas de même du cœur du Maître. La blessure y était saignante et le glaive s'y retournait chaque jour par la main même de celui qui aurait dû l'arracher, et y mettre à la place le baume de Dieu. Des images terribles passaient et repassaient sur ce front déshérité de la paix ; des paroles entrecoupées et menaçantes sortaient de cette bouche qui avait exprimé l'onction de l'Évangile. Il me semblait quelquefois que je voyais Saül. Mais nul de nous n'avait la harpe de David pour calmer ces soudaines irruptions de l'Esprit mauvais, et la terreur des plus sinistres prévisions s'accroissait de jour en jour dans mon esprit abattu. »

Le séjour de Lacordaire à la Chesnaye dura trois mois. Ce fut durant ces trois mois que le déchirement s'opéra, déchirement lent, fibre à fibre, et dont chacune saignait. Enfin, un jour, à la suite d'une scène pénible dont une réplique hautaine et grossière de Lamennais fut l'occasion, il prit son parti. Enfermé seul dans sa chambre, loin de tous les yeux, il écrivit à celui dont il était l'hôte une lettre triste et digne où, n'osant pas affronter une scène d'adieux, il lui annonçait son départ. « Je quitte la Chesnaye ce soir, lui disait-il. Je la quitte par un motif d'honneur, ayant la conviction que désormais ma vie vous serait inutile à cause de la différence de nos pensées sur l'Église et sur la société, différence qui n'a fait que s'accroître tous les jours, malgré mes efforts sincères pour suivre le développement de vos opinions.... Peut-être vos opinions sont plus justes, plus profondes, et en considérant votre supériorité naturelle sur moi, je dois en être convaincu ; mais la raison n'est pas tout l'homme, et dès que je n'ai pu déraciner de mon être les idées qui nous séparaient, il est juste que je mette un terme à une communauté de vie qui est toute à mon avantage et à votre charge [1]. » Et il terminait en disant : « Jamais

1. Pour comprendre ces lignes, il faut savoir que Lacordaire était sans aucune fortune, et que, vivant à la Chesnaye, il était entièrement à la charge de Lamennais.

vous ne saurez que dans le ciel combien j'ai souffert depuis un an par la seule crainte de vous causer de la peine.... Quelque part que je sois, vous aurez des preuves du respect et de l'attachement que je vous conserverai toujours, et dont je vous prie d'agréer cette expression qui part d'un cœur déchiré. »

Cette lettre est la plus éloquente des réponses à ceux qui ont accusé Lacordaire d'indifférence et de dureté vis-à-vis de Lamennais. Le combat entre les devoirs que prescrit la conscience et les égards qui demeurent dus aux personnes, entre les droits de la vérité et ceux de l'affection, est une des épreuves les plus dures que puisse connaître une âme délicate. Ce ne fut pas sans une lutte cruelle que, dans l'âme de Lacordaire, la conscience et la vérité l'emportèrent sur l'affection. Pour effectuer sa fuite de la Chesnaye, car ce fut une fuite véritable, il avait choisi le moment où Lamennais était à la promenade. Au moment où il s'éloignait à grands pas, il l'aperçut de loin, à travers un taillis qu'il dominait de la tête, au milieu de ses disciples fidèles. Lacordaire s'arrêta, et peu s'en fallut qu'il ne retournât en arrière. S'il fût revenu, qui sait jusqu'où Lamennais l'aurait entraîné! Il y a dans la vie de ces minutes décisives où l'homme sent ainsi toute l'angoisse de sa liberté. Mais la volonté l'emporta sur le sentiment et Lacordaire continua jusqu'à Paris sa route précipitée.

Les premiers mois qui suivirent le retour de Lacordaire à Paris, après son départ de la Chesnaye, marquent, au point de vue moral et matériel, l'époque la plus difficile de sa vie. Il était revenu à Paris, au cœur de l'hiver, avec un habit d'été et trois écus dans sa poche. Par sa brusque rupture avec Lamennais, ce n'était pas seulement à une direction intellectuelle, c'était au pain quotidien qu'il renonçait. A cette heure critique, il prit la seule résolution qui convînt à un prêtre : il se mit sous les ordres de son archevêque. Par son esprit, par son caractère, par ses opinions politiques, par ses doctrines théologiques, Mgr de Quélen était aussi éloigné que possible de Lacordaire. Mais il éprouvait pour ce jeune prêtre, dont il avait discerné la vocation mieux que ses maîtres de Saint-Sulpice, cette tendresse particulière que nous éprouvons parfois pour les natures les plus différentes des nôtres. Il était pour lui le fils doué et séduisant dont un père peut déplorer les écarts, mais dont il accueille avec joie le retour. Il reçut Lacordaire à bras ouverts. « Vous avez besoin d'un baptême, lui dit-il, je vous le donnerai », et il lui rendit l'aumônerie de la Visitation.

Ainsi, après cette brillante campagne de *l'Avenir* où son nom avait fait tant de bruit et son talent jeté tant d'éclat, il en revenait à ses humbles débuts de catéchiste de jeunes demoiselles. Il se retrouvait dans sa modeste chambre, rue Saint-Étienne-du-Mont, aussi seul qu'il l'était autrefois, ayant rompu tout à la fois avec ses anciennes et avec ses nouvelles relations, sans guide comme sans soutien, mais ayant perdu cette robuste confiance en lui-même qui l'animait lorsque, trois années auparavant, il pensait à faire voile pour l'Amérique. Les premiers siècles de l'Église connaissaient cette mélancolie des hommes voués au service de Dieu, qui sentaient le découragement les saisir au milieu de leur tâche,

et qui se demandaient si la main qui soutient les
avait abandonnés. Ils l'appelaient *acédia*; c'était cette
tristesse des cloîtres dont les vierges et les moines
redoutaient les langueurs, et dont ils demandaient
à être préservés comme du démon de midi : *a
dæmonio meridiano*. Ils l'appelaient encore d'un
autre nom : *athumia*, le manque d'âme, car, dans
aucune langue, les mots n'ont jamais fait défaut pour
exprimer toutes les variantes de la douleur humaine.
C'était ce manque d'âme dont souffrait Lacordaire,
et, dans les pages qu'il a dictées sur son lit de mort,
on retrouve encore l'écho des angoisses par lesquelles il passa : « N'avais-je donc commis que des
fautes? Cette vie publique, ces combats passionnés,
ce voyage à Rome, ces amitiés si fortes la veille et
aujourd'hui rompues, les convictions enfin de toute
ma vie de jeune homme et de prêtre, n'étaient-elles
autre chose qu'un rêve insensé? N'eût-il pas mieux
valu que je me fusse casé comme vicaire dans la plus
obscure des paroisses, et que j'y eusse appelé à
Dieu, par des devoirs simplement remplis, des
âmes ignorées? Il y a des moments où le doute nous
saisit, où ce qui nous a paru fécond nous semble sté-
rile, où ce que nous avons jugé grand n'est plus
qu'une ombre sans réalité. J'étais dans cet état; tout
croulait autour de moi et j'avais besoin de ramasser
les restes d'une secrète énergie naturelle pour me
sauver du désespoir. »

En parlant de ces amitiés rompues, Lacordaire
se reportait sans doute par la pensée au dissentiment qu'avait amené entre Montalembert et lui la
différence de leur attitude vis-à-vis de Lamennais.

Par sa fuite de la Chesnaye, Lacordaire avait en effet libéré son âme. Mais celle de Montalembert était demeurée enchaînée. C'était vainement que, de Dinan même, et avant de prendre la route de Paris, Lacordaire lui avait écrit pour l'informer du parti qu'il avait pris. Il eut bientôt la douleur de savoir que ce parti n'avait pas été approuvé par Montalembert, et que celui-ci s'était même exprimé, en termes assez durs, sur ce qu'il appelait une désertion. Alors s'engagea entre les deux amis (car Montalembert partit peu de temps après pour l'Allemagne) une correspondance dont quelques fragments ont été publiés en appendice, dans l'ouvrage de M. Foisset, correspondance admirable par l'ardeur que Lacordaire y déploie pour arracher l'âme qui lui était chère à une influence dont il mesurait mieux que lui le danger. Celui qui était l'objet de cette ardeur en avait gardé un souvenir attendri que, bien des années après, il traduisait en termes émus. « J'en voulais à mon ami, a écrit Montalembert, d'avoir suivi une autre voie, plus publique et plus décisive. Je lui reprochais témérairement l'oubli des aspirations libérales dont le souffle nous avait tous deux enflammés. Quand je cédai enfin, ce ne fut que lentement, comme à regret, et non sans avoir navré ce cœur trop généreux. Cette lutte avait trop duré. J'en parle avec confusion, avec remords, car je ne lui rendis pas alors toute la justice qu'il méritait, et j'expie cette faute en l'avouant. »

La lutte avait commencé en effet dès le lendemain du jour où Lacordaire, après avoir quitté Rome, répondait aux reproches de Montalembert par ces

paroles prophétiques : « Charles, écoute bien ce
que je vais te dire : si M. de Lamennais exécute son
nouveau plan, souviens-toi qu'un grand nombre
d'amis et de collaborateurs l'abandonneront, et que,
trompé par les libéraux dans une action sans possibilité de succès, il n'y a rien d'assez triste dans le
langage pour dire ce qui arrivera ». C'était ce plan
dont Lacordaire, au milieu des tergiversations sincères de Lamennais, apercevait l'accomplissement en
quelque sorte fatal. Il craignait que Montalembert,
entraîné par le côté chevaleresque et généreux de
sa nature, n'y fût associé malgré lui, et ne se trouvât
entraîné dans une voie où chaque pas rendrait le
retour en arrière plus difficile. Aussi s'efforçait-il de
l'arrêter à l'entrée, et il déployait, pour le retenir,
toute la puissance d'une éloquence qui tire ses
accents du cœur. Ces lettres de Lacordaire à Montalembert sont d'une flamme incroyable ; elles méritent d'être citées parmi les plus belles et les plus
touchantes que l'amour d'une âme ait inspirées.
« Hélas ! lui écrivait-il, quel démon s'est glissé
entre nous et nous empêche de nous comprendre,
nous deux qui nous comprenions si bien ? S'est-il
donc écoulé des siècles entre ce que nous étions et ce
que nous sommes ?... Tu ne devines ni l'immensité
de ma douleur, ni celle de mon amitié. Hélas ! qui
ai-je aimé, si ce n'est toi ? Qu'est-ce que j'aime, si ce
n'est toi ? Sans toi et sans l'Église, que m'importerait
tout ce qui arrive et tout ce qui arrivera ? Ainsi des
étrangers me comprennent, ils me rendent justice.
Et toi ! Se peut-il que ma véritable pensée ne puisse
arriver jusqu'à toi ? Ma vie tout entière est à toi. Je

serais heureux aujourd'hui si tu l'étais. C'est toi seul qui manques à mon bonheur. C'est toi que je cherche et que je demande à Dieu. Tu es moi-même; tu es mon ami, mon frère, ma sœur; je t'ai trop aimé pour pouvoir être heureux sans toi. »

Ce que Lacordaire voulait obtenir, c'était que Montalembert s'engageât, comme lui-même venait de le faire, par une lettre rendue publique, à suivre uniquement et absolument la doctrine exposée dans l'Encyclique, et à ne rien écrire ou approuver qui ne fût conforme à cette doctrine. Il voulait que cette déclaration fût envoyée directement par lui à Rome, et, pour l'y déterminer, il lui adressait une lettre, écrite en traits de feu, où il résumait les arguments déjà employés par lui, mais où il s'efforçait surtout de l'émouvoir par un appel desespéré à sa tendresse. « Tu sais si je t'aime, lui disait-il, tu sais si j'ai honte de rien quand il s'agit de toi Eh bien! je baise la poussière de tes pieds; je ne veux pas d'autre sort que de te servir éternellement comme le plus vil esclave, mais accorde-moi, pour prix de mes humiliations, de te dire la vérité tout entière. De ce moment-ci dépend ta vie, et peut-être ton éternité. Si tu restes dans les routes de la révolte, le monde et Dieu te repousseront à jamais. Le repentir seul, la retraite, une religion moins politique et plus réelle, la séparation la plus explicite avec le passé, voilà ce qui peut te sauver.... Mon cœur se fond en te parlant; je sens que je t'aime jusqu'à mourir pour toi. Ecoute cette voix que tu as trop dédaignée, et qui t'a tant averti de ce que je voyais arriver. Charles, mon cher, mon doux ami, je t'en conjure encore une

fois à genoux, dans le plus violent transport d'amour
qu'une créature puisse éprouver pour une créature,
dans le plus profond oubli de moi-même ; je baise tes
pieds, je les mouille de mes pleurs ; je rassemble en
une seule fois toutes mes caresses de trois ans, tous
mes chagrins pour toi, toutes mes joies, toutes mes
humiliations que je préfère à tout ; je te tiens sur
ma poitrine, enivré d'amitié et du désir de ton salut,
et je t'ordonne de m'obéir. Si tu ne m'obéis pas, il
faut qu'il y ait une grande malédiction sur ta tête.
Adieu ; je veux que tu m'écrives sur-le-champ, que
tu écrives sur-le-champ au Saint-Père, et que tu
m'envoies une copie de ta lettre. »

On comprend que, même après trente ans et plus
écoulés, Montalembert ne pût relire ces lettres
« sans une émotion que nulle parole ne peut rendre »
et qu'il s'accusât de la trop longue résistance qu'il
avait opposée à ces objurgations pathétiques. « Dans
cette lutte opiniâtre pour le salut d'une âme aimée »,
ce fut Lacordaire qui l'emporta, et, au mois de
décembre 1834, Montalembert finit par se résoudre
à écrire la lettre sollicitée par Lacordaire. La lutte
avait ainsi duré trois ans, trois ans pendant lesquels
Lacordaire aurait singulièrement ressenti le refroi-
dissement d'une amitié si tendre, s'il n'eût trouvé
sur sa route un secours inattendu.

A l'époque où celui que l'Église appelle aujourd'hui
saint Jérôme, mais qui se nommait encore Eusebius
Hieronymus, quittait, pour revenir à Rome, le désert
de Chalcide, après avoir dompté dans la pénitence
et les larmes les ardeurs de sa nature fougueuse,
une veuve qui portait un nom illustre dans les fastes

romaines, Marcella, fille d'Albine, récemment con-
vertie au christianisme, avait fait de son palais
somptueux du mont Aventin un lieu de réunion
pieuse. Personnellement elle y vivait de la vie la
plus simple, toujours habillée de vêtements de couleur brune, et elle y avait ouvert un oratoire où les
dames chrétiennes venaient prier. « Lorsque les
affaires de l'Église me contraignirent à venir à Rome,
a écrit le saint, comme j'évitais par une retenue que
je croyais nécessaire à mon propre salut la fréquen-
tation des dames de condition, dont la piété jetait
alors tant d'éclat, elle montra, pour me servir de
l'expression de l'apôtre, une importunité si persé-
vérante, et en même temps si touchante, qu'elle me
força de m'écarter en sa faveur de la règle que je
m'étais prescrite. » Jérôme passa en effet sous le
toit de Marcella les trois années de son séjour à
Rome, et plus d'une fois, pendant ces trois années,
au cours des ardentes controverses auxquelles il se
trouva mêlé, Marcella eut occasion d'exercer sur
lui sa douce et prudente influence. « Marcella,
disait-il, eût voulu mettre sa main sur ma bouche
pour m'empêcher de parler », et dans une autre
lettre : « Souvent mon rôle changeait en face d'elle,
et de maître je devenais disciple ». Mais comme
Marcella avait à un souverain degré (c'est encore
Jérôme qui parle) le tact délicat des convenances,
elle donnait toujours ses idées, même celles qu'elle
ne devait qu'à la pénétration de son esprit, comme
lui ayant été suggérées par Jérôme lui-même ou par
quelque autre.

Au bout de trois ans, Jérôme quitta cependant et

ce palais du mont Aventin transformé en couvent, et
Rome elle-même, qui était toujours la ville élégante
et lettrée par excellence, un peu le Paris d'aujour-
d'hui, pour se rendre à Jérusalem, et pour y mettre
en pratique, d'accord avec celle qui devait s'appeler un jour sainte Paula, son grand dessein de
vie monastique. Mais durant les vingt années que
Jérôme et Marcella demeurèrent éloignés l'un de
l'autre, une pieuse correspondance les consolait
et « si leurs corps, étaient séparés, leurs âmes
étaient unies ». Aussi, quand mourut Marcella, Jérôme
adressa-t-il à la vierge Principia, qui lui avait
fermé les yeux, une de ces lettres que les chrétiens de la primitive Église se communiquaient les
uns aux autres, et qui étaient l'équivalent d'une
notice nécrologique de nos jours. Dans cette lettre,
il faisait l'éloge de celle qu'il appelait notre Marcella, parce que, disait-il, « nous l'avons également
aimée tous les deux et nous avons également partagé ses affections », et il faisait connaître aux autres
ce trésor dont ils avaient eu le bonheur de jouir si
longtemps. Moins connue que Paula, moins publiquement associée qu'elle à la vie et aux austérités
du grand propagateur de l'idée monastique, la pieuse
et discrète Marcella n'a pas tenu une moindre place
dans la vie du saint. A la fois cénobite et grande
dame, ayant accepté la plupart des obligations de la
vie monastique, sans être cependant tout à fait retirée
du monde, elle fut le premier type de ce qu'une ironie
peu justifiée a parfois appelé une mère de l'Église.

Avec la différence des siècles et des personnes, il
y a plus d'une ressemblance entre la liaison de

Jérôme avec Marcella et celle qui, à l'époque de sa vie où nous sommes arrivés, allait s'établir entre Lacordaire et Mme Swetchine. Du vivant de Lacordaire le nom de Mme Swetchine n'était guère connu. Je serais presque tenté de dire qu'il l'est un peu trop aujourd'hui. Je ne suis pas convaincu, en effet, que ceux qui avaient à cœur sa mémoire lui aient rendu le meilleur service, en la tirant de l'ombre amie où elle avait toujours vécu, pour l'exposer au grand jour sous les yeux d'un public indifférent. Je doute également qu'il fût nécessaire de consacrer à sa vie et à ses œuvres la matière de deux volumes in-octavo. Pour la faire connaître, il aurait suffi d'une de ces publications discrètes, destinées aux seuls intimes, mais qui font peu à peu leur chemin dans le monde, révélant à ceux qui sont curieux de s'en enquérir des mérites cachés, sans vouloir les imposer de vive force à l'admiration générale. De même, un choix plus sévère parmi des productions auxquelles elle-même n'attachait aucune importance, aurait peut-être donné une plus juste idée de la finesse et de l'élévation de son esprit. Cette sévérité eût été préférable à l'affirmation un peu téméraire que, dans ses œuvres, « des traits dignes de La Bruyère abondent à côté d'élévations dignes de saint Augustin ». « Écrire au crayon, c'est comme parler à voix basse », a dit joliment Mme Swetchine elle-même. Or presque toutes ses *œuvres* étaient écrites au crayon, et en la faisant parler à voix haute, en substituant au crayon l'encre d'imprimerie, ses éditeurs ne semblent pas avoir compris le conseil indirect qu'elle leur donnait.

Il est rare que l'excès d'abondance dans les publications et l'abus des superlatifs dans l'éloge n'amènent pas une certaine réaction. La réaction s'est produite, en effet, sous la forme d'un article ironique et malicieux de Sainte-Beuve, par lequel seul beaucoup de personnes connaissent aujourd'hui Mme Swetchine. Il ne serait pas juste, cependant, que les faciles malices de Sainte-Beuve fissent un tort sérieux à cette figure originale et fière. Née à la fin du siècle dernier, en pleine corruption d'une cour russe, unie à un époux plus âgé qu'elle de vingt-cinq ans, élevée en dehors de toute pratique religieuse, mais attirée vers le christianisme par la pureté de sa nature, elle eut le courage, en dépit des railleries de Joseph de Maistre (qui cependant fut un peu son guide) de chercher par elle-même la vérité, à travers une longue série de lectures et d'études théologiques d'où elle sortit catholique. Attirée vers notre pays par une prédilection naturelle, à une époque où il s'en fallait qu'une mutuelle sympathie rapprochât les deux nations, elle y passa quarante années de sa vie. Durant ces quarante années, elle vécut au centre d'une petite élite d'hommes qu'elle avait su rassembler autour d'elle : Cuvier, Montalembert, le père de Ravignan, Alexis de Tocqueville, d'autres encore que je pourrais nommer. On a pu railler ce salon de la rue Saint-Dominique, à côté duquel (tout comme Marcella dans sa maison du mont Aventin) elle avait établi une chapelle où des jeunes femmes, en toilette élégante, allaient furtivement demander à la prière un secours contre les tentations du monde. Mais ce n'en est pas moins un des lieux où, pendant une longue période de temps, ont été échangés entre les hommes les plus distingués les plus nobles propos. Ce qu'il faut reconnaître et saluer en Mme Swetchine, plutôt qu'une émule de La Bruyère ou de saint Augustin (bien que des œuvres distinguées et touchantes soient sorties de sa plume), c'est, comme on l'a dit excellemment : « une chrétienne accomplie qui savait en même temps comprendre avec une exquise délicatesse les rapports de sa foi avec les mœurs et les sentiments de la société où elle vivait ». Pour une femme qui n'a jamais visé à la sainteté d'une Paula, c'est le plus fin des éloges, et si elle l'a mérité en quelque chose, c'est assurément dans ses relations avec Lacordaire, telles que la publication de leur correspondance nous les a fait connaître.

Lacordaire avait été présenté à Mme Swetchine par Montalembert. « J'abordais, a-t-il écrit, aux rivages de son âme comme une épave brisée par les flots.... Par quels sentiments fut-elle ainsi poussée à me donner son temps et ses conseils ? Sans doute quelque sympathie l'y portait; mais, si je ne me trompe, elle fut soutenue par la pensée d'une mission qu'elle avait à remplir près de mon âme. Elle me voyait entouré d'écueils, conduit jusque-là par des aspirations solitaires, sans expérience du monde, sans autre boussole que la pureté de mes vues, et elle crut qu'en se faisant ma providence, elle répondait à une volonté de Dieu. » Dans ces quelques lignes, Lacordaire a marqué d'un trait juste la nature de la relation si particulière qui s'ouvrit à cette date entre Mme Swetchine et lui, et qui devait durer vingt-sept ans. Du côté de Mme Swetchine cette relation avait quelque chose de maternel et d'un peu protecteur; du côté de Lacordaire quelque chose de confiant et d'ingénu. Dans plus d'une circonstance, elle fut en effet sa boussole. Avec son esprit sûr, son tact de femme, sa connaissance du monde, elle prévint de sa part des résolutions inconsidérées, des mouvements trop vifs, des démarches intempestives. De même que Marcella mettait parfois la main sur la bouche de Jérôme pour l'empêcher de prononcer des paroles imprudentes, de même Mme Swetchine (c'est à elle-même qu'est empruntée l'image) tenait Lacordaire par le pan de son habit, pour ralentir des mouvements trop rapides ou trop brusques. C'est avec cet esprit de douce autorité qu'elle apparaît dans leur correspondance, et je ne crois pas que lettres plus originales aient jamais été échangées entre une femme et un prêtre. Rien qui rappelle les correspondances spirituelles que l'on connaît, telles que celle de Bossuet avec la sœur Cornuau, ou celle de Fénelon avec Mme de la Maisonfort. Ce ne sont pas des lettres de piété, et encore moins des lettres de direction, car le directeur était plutôt Mme Swetchine. On pourrait dire que ce sont des lettres ecclésiastiques, car toutes les questions qui ont préoccupé l'Église catholique pendant un quart de siècle y sont traitées avec une grande hauteur de vues, et, en même temps, des lettres de cœur, car l'expression des sentiments personnels y tient une grande place.

Mme Swetchine environnait en effet la vie de Lacordaire de cette sollicitude affectueuse qui lui était d'autant plus nécessaire que sa mère allait bientôt lui manquer. Peu s'en fallut même qu'à une certaine époque, il n'allât s'établir auprès d'elle, dans sa maison du mont Aventin. Mais si leur intimité ne fut jamais poussée aussi loin, jamais non plus, à travers les vicissitudes de la vie, l'attachement de Mme Swetchine ne fit défaut à Lacordaire, pas plus au prêtre encore obscur qu'au prédicateur en renom, pas plus au solitaire attristé de Sorèze qu'au Dominicain belliqueux. Cet attachement invariable n'avait rien d'exalté, ni de complaisant. Dans les nombreuses lettres qu'elle lui adresse, rien de flatteur, rien d'excessif. Mme Swetchine juge celui qu'elle aime; elle l'avertit; elle le blâme parfois; mais rien ne parvient à la détacher de lui : « Mon bonheur, lui écrivait-elle un jour, eût été de vous approuver toujours, mais ma tendresse n'en a pas besoin, et, peut-être, les violentes secousses auxquelles vous la soumettez renouvellent-elles avec plus de force une première adoption. Comme Rachel, j'ai pu quelquefois vous nommer l'enfant de **ma douleur**, et vous savez que souffrir ne décourage pas les pauvres mères. »

C'est en effet avec une confiance toute filiale que Lacordaire s'ouvre à Mme Swetchine sur tout ce qui le concerne. Il n'a rien de caché pour elle, ni ses troubles, ni ses incertitudes, ni ses espérances, ni ses découragements. Constamment il parle de lui-même avec une humilité touchante : « J'ai trente-quatre ans, lui écrit-il, et il est vrai de dire que mon éducation n'est achevée sous aucun rapport ». En même temps, il sent vivement ce qui, dans son humeur, est de nature à faire souffrir les autres, et il s'en accuse : « J'aime, j'en suis certain, et profondément ; et néanmoins il est vrai qu'il y a en moi quelque chose que je ne puis pas nommer et qui cause de la peine à ceux que j'aime. Ce n'est pas de l'âpreté : je suis doux ; ce n'est pas de la froideur : je suis passionné. C'est quelque chose d'entier qui est trop ou trop peu, une certaine difficulté de découvrir ce dont le cœur d'un ami a besoin, une habitude du silence qui me suit quelquefois sans que je m'en doute. Combien j'ai de peine à parler ! » Aussi envie-t-il le don qu'ont les femmes de rendre leurs sentiments : « Les femmes ont cela d'admirable qu'elles peuvent parler tant qu'elles veulent, comme elles veulent, avec l'expression qu'elles veulent. Leur cœur est une source qui coule naturellement. Le cœur de l'homme, le mien surtout, est comme ces volcans dont la lave ne sort que par intervalles, après une secousse. »

Cette réserve et cette froideur apparente étaient, chez Lacordaire, un trait dont le contraste avec l'impétuosité naturelle de son caractère a été souvent relevé. Chez les natures passionnées qui ont pris de bonne heure l'habitude de se gouverner elles-mêmes, ce trait se retrouve souvent ; la réserve et la froideur, d'abord volontaires, deviennent une enveloppe, un voile dont elles ne peuvent plus parvenir à se dégager. Mais si Lacordaire, à l'en croire du moins, ne savait pas parler, du moins il savait écrire, et Mme Swetchine devait être bien récompensée de la tendresse qu'elle lui témoignait, lorsqu'elle recevait des lettres comme celle-ci : « Ayez donc un peu compassion de ma nature sauvage, je voudrais la changer, car je sens plus que jamais mes défauts, à mesure que le christianisme pénètre dans mon âme; malheureusement on désire plus qu'on ne fait. Que la confiance avec laquelle je vous ai toujours parlé de moi vous soit une preuve, sans cesse renaissante, de mon affection. Ma vie dans ses plus petits détails vous appartient tout entière, et vous ne me verrez jamais vous en rien ôter. Les nouveaux amis sont peu de mon goût. Je sens encore parfois qu'une âme qui passe me plaît, et qu'autrefois je l'aurais aimée. Je ne vais guère plus loin; le temps est venu d'aimer Dieu uniquement, et de vivre avec les destinées que sa bonté a unies à nous dans les chemins passés. » D'autres âmes passèrent cependant qui lui plurent et qu'il aima. Mais avec aucune la relation ne fut aussi intime et aussi suivie qu'avec Mme Swetchine. Nous la retrouverons mêlée à plus d'une détermination importante de la vie de Lacordaire, et avant de reprendre le récit de cette vie, il fallait expliquer la place qu'elle y tiendra désormais.

CHAPITRE V

LES CONFÉRENCES DE STANISLAS
ET LES PREMIÈRES CONFÉRENCES DE NOTRE-DAME

Ce que l'affection de Mme Swetchine ne pouvait
procurer à Lacordaire, c'était un emploi de sa vie.
Il rêvait bien d'écrire un grand ouvrage d'apologétique, qu'il aurait intitulé : *De l'Église et du Monde
au XIXe siècle*. Mais le plan en était aussi vague
dans son esprit que le titre en aurait été ambitieux,
et un juste instinct l'avertissait qu'il était plus fait
pour la controverse que pour l'exposition doctrinale.
Cependant il écartait toute proposition qui aurait
pu le faire rentrer dans la mêlée politique. C'est
ainsi qu'il refusa la direction de *l'Ami de la Religion*
et celle de *l'Univers*. Ce qui le tentait, c'était la
chaire. Il avait même promis de prendre la parole
dans plusieurs églises ; mais avant de débuter solennellement il voulut faire un essai. Un dimanche de
mai 1833, vers six heures du soir, l'office étant fini,
un public peu nombreux d'amis et d'ecclésiastiques

fut convié pour l'entendre à Saint-Roch. Il devait prêcher sur l'*Invention de la Sainte-Croix*, qui était la
fête du jour. Mme Swetchine, inquiète, attendait dans
son salon le retour de quelques-uns de ses habitués
qu'elle avait envoyés. Ceux-ci revinrent 'la figure
allongée : « Ce ne sera jamais un bon prédicateur »,
dit l'un d'eux. En effet, pour avoir voulu couler la
lave de son éloquence dans le moule du sermon classique, Lacordaire l'avait glacée. Lui-même se trompa
comme les autres : « Il m'est évident, écrivait-il
à un ami, que je n'ai ni assez de force physique,
ni assez de flexibilité dans l'esprit, ni assez de
compréhension du monde où j'ai vécu et vivrai
toujours solitaire, enfin *rien assez* de ce qu'il faut
pour être un prédicateur dans la force du terme »,
et il s'excusa des engagements pris.

Une autre proposition lui fut faite, qu'il accepta
cependant avec empressement : celle de donner une
suite de conférences religieuses aux élèves du collège Stanislas. S'adresser à la jeunesse, refaire, pour
remplacer l'ancienne, une génération de catholiques
animée d'un esprit nouveau, avait toujours été une
de ses pensées favorites. L'occasion lui était offerte.
Il la saisit. La première conférence eut lieu le
19 janvier 1834. Dès la troisième, les auditeurs du
dehors accouraient en foule. Chateaubriand, Lamartine, Victor Hugo, Berryer (qui arrivant un jour en
retard fut obligé d'entrer par la fenêtre), s'y donnaient rendez-vous, et, ce qui valait mieux peut-
être, toute la *jeunesse pensante*, pour employer une
expression de Maurice de Guérin, qui lui-même
suivait ces conférences avec passion. « C'est

quelque chose d'inouï, écrivait-il à un ami, que cette éloquence, cette inspiration. Il n'est bruit que de cela dans le monde philosophique et religieux. »

Ce fut précisément ce bruit qui devint fatal à Lacordaire. L'ancien rédacteur de *l'Avenir* demeurait suspect à une orthodoxie étroite. Sans qu'on pût incriminer précisément aucune de ses doctrines, on se déclarait scandalisé de la hardiesse et de l'inconvenance de son langage. On lui reprochait d'avoir dit, sans beaucoup de goût peut-être : « que le premier arbre de la liberté avait été planté par Dieu dans le paradis terrestre », et encore de s'être servi de cette expression : *la République chrétienne*. Il fut dénoncé à l'archevêque, à Rome, au gouvernement. Le gouvernement par la bouche de M. Guizot déclara qu'il voyait les conférences de Stanislas sans ombrage. Rome renvoya à l'archevêque, mais l'archevêque faiblit. Effrayé du bruit, partagé entre sa prédilection pour Lacordaire, qu'il aimait sans le comprendre, et l'effroi instinctif que lui inspirait la tournure de son esprit, il ne voulut ni le soutenir ni l'abandonner, et, n'ayant pu obtenir de lui, par une voie indirecte, qu'il renonçât spontanément à reprendre ses conférences, suspendues au printemps, il voulut lui imposer la condition de les écrire à l'avance et de les communiquer à deux grands vicaires.

Blessé de cette méfiance, Lacordaire écrivit à Mgr de Quélen une lettre vigoureuse : « Monseigneur, lui disait-il en commençant, je viens me plaindre de vous à vous ». Il rappelait ensuite les gages de soumission et d'orthodoxie qu'il avait donnés depuis sa séparation d'avec Lamennais, gages qui avaient paru suffisants à l'archevêque lui-même, puisqu'il lui avait permis de reprendre publiquement la parole. Il passait ensuite en revue les divers reproches qui avaient été adressés à sa prédication, et après en avoir démontré l'inanité, il terminait par ces fières paroles : « Je demande à l'Église, dans la personne de mon évêque, qu'elle m'accorde confiance, qu'elle rende honneur à mon sacerdoce. Si elle ne le veut pas, j'aurai à me consulter. J'ai trente-deux ans accomplis; si je fusse resté dans le monde, je serais à même de me faire respecter quand je traiterais de moi et des autres : il n'est pas juste que, pour avoir sacrifié ma vie à l'Église, je sois le jouet des plus basses intrigues, et du mauvais vouloir de quelque parti qui ne me pardonne point de ne pas lui vouer mon existence et ma consécration sacerdotale. Monseigneur, je vous demande justice; je revendique le seul bien du prêtre, le seul honneur du prêtre, la liberté de la parole évangélique, la liberté de prêcher Jésus-Christ, jusqu'à ce qu'il soit établi que je manque à l'orthodoxie divine qui est la première chose de toutes et à laquelle, Dieu aidant, je ne manquerai jamais, du moins avec opiniâtreté. »

De prêtre à archevêque les termes de cette lettre étaient un peu vifs, et si Mme Swetchine n'eût été en Russie, elle les lui aurait fait certainement adoucir. Mgr de Quélen fut blessé à son tour de ce qu'il appelait une sommation, et il maintint la condition imposée par lui d'un examen préalable.

Plutôt que d'accepter, Lacordaire préféra renoncer à la reprise de ses conférences : « J'avais compté sur deux hommes, répondit-il : le premier je l'ai quitté parce qu'il trahissait les espérances de tous; le second me fait défaut. Je ne compte plus que sur Dieu. »

La position de Lacordaire redevenait critique. Si comme prêtre il n'était pas interdit, comme prédicateur sa parole était mise à l'*index*. Son zèle était réduit à l'oisiveté et son ardeur au silence. Il traversait un de ces moments de découragement où, suivant sa belle expression, il sentait son âme retomber sous lui comme un cheval sous son cavalier. Que faire? Que résoudre? A quelle occupation demander désormais l'emploi de sa vie sacerdotale? Lacordaire se posait la question avec mélancolie, en se promenant, par un froid matin de janvier 1835, dans le jardin du Luxembourg, lorsqu'il rencontra un ecclésiastique de sa connaissance. « Que faites-vous? lui dit celui-ci. Il faudrait voir l'archevêque et vous entendre avec lui. » Lacordaire continua sa promenade. Quelques pas plus loin, il rencontra un autre prêtre. « Vous avez tort de ne point voir l'archevêque, lui dit cet autre. J'ai des raisons de penser qu'il serait bien aise de s'entretenir avec vous. » « Accoutumé à un peu de superstition du côté de la Providence, ajoute Lacordaire, en racontant cette anecdote, je me dirigeai lentement vers le couvent de Saint-Michel où demeurait alors l'archevêque. » La porte lui fut, heureusement, ouverte par une religieuse de chœur qui lui voulait du bien, parce que tout le monde lui était opposé, et qui prit sur elle de l'introduire auprès de l'archevêque dont la porte était défendue. Au bout de quelques minutes de conversation, l'archevêque, fixant sur Lacordaire un œil scrutateur, lui dit brusquement : « J'ai dessein de vous confier la chaire de Notre-Dame; l'accepteriez-vous ? » Lacordaire demanda vingt-quatre heures de réflexion, et les vingt-quatre heures écoulées, il accepta.

Que s'était-il donc passé ? Lacordaire explique ce brusque changement de détermination par la coïncidence entre sa visite inopinée à l'archevêque et la remise à celui-ci d'un mémoire où l'abbé Liautard, le fondateur du collège Stanislas, inculpait vivement l'administration archiépiscopale, et taxait d'inintelligence et de faiblesse la conduite de Mgr de Quélen dans l'affaire des conférences de Stanislas. Sans nier que cette coïncidence ait pu être pour quelque chose dans la brusquerie de la détermination prise par l'archevêque, il est cependant permis d'en faire honneur à des considérations d'une autre nature. Caractère irrésolu, mais intelligence élevée, Mgr de Quélen avait sans doute réfléchi aux responsabilités que, dans ces temps difficiles, sa charge lui imposait. Un coup d'œil jeté sur l'évolution religieuse des esprits, depuis les événements de Juillet, nous permettra de mieux comprendre le résultat auquel ces réflexions avaient pu le conduire.

C'est le propre des révolutions d'amener à la surface des sociétés ce qui, caché, dort au fond de leurs eaux : instincts mauvais, appétits grossiers, haines aveugles, mais, en même temps, passions généreuses,

dévouements exaltés, illusions héroïques. Aussi
point de révolution qui n'ait été suivie d'une crise
religieuse, à moins que cette crise ne l'ait précédée.
Ce fut précisément ce qui se passa pendant les
premières années du régime de Juillet. Un instant
on avait pu croire que la religion catholique avait
succombé, moins sous les coups de la haine populaire que sous le poids de l'indifférence philosophique. Un universitaire, qui eut son heure de
notoriété, M. Dubois (de la Loire-Inférieure), avait
bien déclaré, dans une tournée d'inspection, « qu'on
venait d'assister aux funérailles d'un grand culte ».
Mais si le culte paraissait enseveli, un esprit
plus sagace que celui de M. Dubois de la Loire-
Inférieure n'aurait pas manqué d'apercevoir déjà
les symptômes d'une résurrection prochaine, car le
sentiment religieux demeurait vivant. Il ne devait
pas tarder à se traduire de nouveau par des manifestations singulièrement étranges. Sans parler de
l'Église française de l'abbé Châtel, les prédications
de certains disciples de Saint-Simon, entre autres
Barrault et Enfantin, dont la salle Taitbout donnait
le spectacle, ne faisaient pas autre chose que prêter
une modulation nouvelle à l'éternel soupir de l'humanité. Ce *tourment des choses divines* inspirait aussi
des voix qui avaient fait entendre jusque-là des
accents bien différents. C'était Joseph Delorme,
traduisant dans certaines pages de *Volupté* (pages
plus sincères que leur auteur n'en voulait convenir
plus tard) d'abord les souffrances du doute, puis les
extases de la foi. C'était Lélia, l'ancienne abbesse
des Camaldules, morte, quelques années aupara-

7

vant, le blasphème à la bouche, qui ressuscitait
sous le nom de Marcie, et qui prêtait la même éloquence à l'expression de sa pieuse résignation
C'était aussi, dans un monde tout différent, des
hommes politiques, constatant, comme Tocqueville
dans ses lettres, ce fait nouveau « que la plupart
des libéraux reconnaissaient l'utilité politique d'une
religion et déploraient la faiblesse de l'esprit religieux dans la population », ou déclarant courageusement à la tribune, comme M. Guizot, en face
d'une majorité hostile, « qu'indépendamment de tout
pouvoir politique, la religion est un principe émi-
nemment social, l'allié naturel, l'appui nécessaire de
tout gouvernement régulier et la première force
morale du pays ». Ainsi les haines populaires étaient
tombées, l'indifférence philosophique passait de
mode, et les hommes qui pensent commençaient,
suivant une belle expression de Michelet, à se demander où est Dieu.

C'était surtout les jeunes gens qui se posaient cette
question. Depuis quelques années il s'était formé,
dans les collèges et les écoles, une génération nouvelle, étrangère aux préventions qu'avait suscitées
contre l'Église catholique son alliance trop étroite
avec la Restauration, encore éprise de liberté, mais
déjà avide de foi. Un instant elle avait écouté la voix
de *l'Avenir*, mais cette voix s'était tue, et depuis
lors un grand silence s'était fait qui la laissait
dans l'anxiété. Où donc était la vérité catholique,
s'il ne fallait plus la chercher dans cette antique
union entre l'Église et la Royauté que l'expérience
semblait avoir condamnée, et s'il n'était pas permis

non plus de la demander à cette conception nouvelle
d'une alliance hardie avec les peuples? À cette question aucune voix ne leur apportait la réponse. Ils la
posaient pourtant avec insistance, et, à deux reprises,
en 1833 et en 1834, une députation de la jeunesse
catholique des écoles était venue, sous la conduite
d'Ozanam, pour solliciter de Mgr de Quélen l'ouverture d'un enseignement catholique nouveau, au moins
dans la forme, où les sermons seraient remplacés
par des conférences sur les questions qui agitaient
et passionnaient alors les esprits. Ozanam avait
même désigné l'abbé Lacordaire comme étant, avec
l'abbé Bautain, celui de tous les prêtres connus, au
moins de nom, par la jeunesse qui saurait le mieux
inaugurer cet enseignement. L'archevêque avait cru
répondre à leurs désirs en chargeant sept prédicateurs différents d'exposer, chaque dimanche de
Carême, les vérités fondamentales de la foi dans
la chaire de Notre-Dame. Mais, pendant les six
semaines qu'avait duré cette prédication d'un nouveau genre, la vaste nef cathédrale était demeurée
vide, tandis qu'au contraire la chapelle de Stanislas était trop étroite pour contenir la foule des
auditeurs qu'attirait la parole de Lacordaire. Il était
impossible que Mgr de Quélen n'eût pas été frappé
de cette comparaison, et comme il n'était pas sans
clartés sur l'état des esprits de son temps, comme,
au moment même où Lacordaire se présentait ino-
pinément à lui, il était précisément en train de
réfléchir au meilleur moyen de donner satisfaction
à ces jeunes gens, il est permis de penser qu'une
vue plus nette de leurs besoins, le souvenir de la

désignation d'Ozanam, peut-être même la singulière coïncidence de cette visite inattendue, eurent sur sa détermination plus d'influence que les attaques de l'abbé Liautard.

Quoi qu'il en soit, c'était, suivant ses propres termes, une solennelle aventure que Lacordaire allait tenter là. Il s'agissait en effet pour lui de bien autre chose que de savoir si son talent allait grandir en proportion du lieu et de l'auditoire, et s'il allait retrouver sous les voûtes sonores de Notre-Dame les succès qu'il avait remportés dans la petite chapelle étouffée de Stanislas. Interdit en quelque sorte de la parole publique, cette interdiction allait-elle être levée, et lui serait-il désormais permis de poursuivre sans obstacles ce grand dessein dont la pensée l'agitait depuis son entrée dans le sacerdoce, de réconcilier l'Église avec le siècle? Telle était la question, bien autrement grave, qui se posait pour lui, et comme juges il allait avoir non pas seulement l'auditoire inconnu de Notre-Dame, mais son supérieur direct, son propre archevêque, peut-être d'autant plus difficile et plus méfiant qu'il était intéressé lui-même au succès de la tentative. Laissons-le raconter comment il sortit de cette redoutable épreuve.

« Je montai en chaire, non sans émotion, mais avec fermeté, et je commençai mon discours, l'œil fixé sur l'archevêque qui était pour moi, après Dieu, mais avant le public, le premier personnage de cette scène. Il m'écoutait, la tête un peu baissée, dans un état d'impassibilité absolue, comme un homme qui n'était pas seulement spectateur ni juge, mais qui courrait des risques personnels dans cette solennelle aventure. Quand j'eus pris pied dans mon sujet et dans mon auditoire, que ma poitrine se fut dilatée sous la nécessité de saisir une si vaste assemblée d'hommes, il m'échappa un de ces cris dont l'accent lorsqu'il est sincère et profond ne manque jamais d'émouvoir. L'archevêque tressaillit visiblement. Une pâleur qui vint jusqu'à mes yeux couvrit son visage, il releva la tête et jeta sur moi un regard étonné. Je compris que la bataille était gagnée dans son esprit. Elle l'était aussi dans l'auditoire. »

Ce cri dont parle Lacordaire est sans doute l'apostrophe demeurée célèbre : « Assemblée, assemblée, dites-moi; que me demandez-vous ? Que voulez-vous de moi; la vérité ? Vous ne l'avez donc pas en vous. Vous la cherchez donc. Vous voulez la recevoir. Vous êtes venus ici pour être enseignés. » Mais un cri éloquent peut soulever un auditoire : il faut autre chose pour le ramener. Celui qu'avait rassemblé Lacordaire, le plus considérable peut-être auquel un prêtre eût adressé la parole depuis le temps où la prédication s'exerçait en plein air, devait lui demeurer fidèle pendant toute la station du Carême, et se représenter plus nombreux encore l'année suivante. Lorsque, dans quelques années, nous trouverons Lacordaire en pleine possession de la chaire de Notre-Dame, qu'il devait occuper sept années consécutives, ce sera le lieu de montrer ce qu'il y eut de nouveau dans ses procédés d'apologétique, et surtout quelle révolution, au point de vue purement littéraire, il apporta dans l'éloquence de la chaire. Mais il faut signaler dès à présent le prodigieux succès qu'eurent ses premières conférences, et en rechercher la cause.

« L'orateur et l'auditoire, a écrit Lacordaire, sont deux frères qui naissent et meurent le même jour », et il ajoutait avec mélancolie : « Voilà le sort de l'orateur. Cet homme, qui a ravi des multitudes, descend avec elles dans un même silence. En vain la postérité fait effort pour entendre sa voix et celle du peuple qui l'applaudissait; l'une et l'autre vont s'évanouissant dans le temps, comme le son s'évanouit dans l'espace. » Cet auditoire de Notre-Dame fut bien le frère de Lacordaire ou plutôt son enfant, car c'est lui qui l'a créé, et si, avec les transformations de l'âge et du temps il subsiste encore aujourd'hui, c'est qu'il a reçu de lui quelques étincelles d'une impérissable vie.

Ce fut d'abord la curiosité qui le rassembla. Lorsqu'on apprit que le rédacteur condamné de *l'Avenir*, le prédicateur suspendu de Stanislas allait prendre la parole dans la chaire de Notre-Dame, ce fut un événement parisien. Dès huit heures du matin la nef avait été envahie, et quelques bonnes dames qui étaient arrivées à neuf heures, suivant leur habitude, pour entendre la messe des chanoines, virent avec effarement leurs places habituelles occupées par des hommes, en majorité par des jeunes gens, dont la contenance était à peine respectueuse. Pour charmer les loisirs de l'attente, les uns déployaient *les Débats*, les autres *le National* ou *le Constitutionnel*. On se montrait un auditeur en bottes à l'écuyère qui, descendant de cheval sur la

place du Parvis, était entré avec un stick, entouré
d'une lanière de fouet. Si, dès les premières paroles,
cet auditoire n'eût été conquis, quelque irrévérence
était à craindre. Mais il le fut de telle sorte qu'à
chaque conférence il se pressait plus recueilli et plus
nombreux. Il fallut établir des barrières, installer un
service d'ordre. Les curieux étaient devenus attentifs et les indifférents respectueux. Ce concours
d'auditeurs n'a jamais fait défaut à Lacordaire et,
jusqu'à la fin de sa carrière de prédicateur, personne
n'a eu, au même degré, le don d'attirer et de remuer
les foules. C'est qu'aux enfants d'un siècle à la fois
inquiet et orgueilleux, il avait du premier coup
deviné le langage qu'il fallait parler. Il avait par-
faitement compris que le temps était passé où,
comme on l'a dit, « l'Église faisant le catéchisme
d'une société enfantine traçait à la fois la demande
et la réponse », et qu'avec ces auditeurs de Notre-
Dame qui arrivaient l'esprit plein d'une foule d'objections, il ne fallait pas le prendre sur un ton d'autorité. Aussi ne leur disait-il pas : « Mes frères »,
mais : « Messieurs ». Il leur parlait d'égal à égal,
ou, s'il s'élevait par instants au-dessus d'eux, ce
n'était pas comme prêtre, c'était comme homme, en
imitant le noble orgueil d'un mouvement connu de
saint Paul, et en leur montrant qu'il ne se rencontrait rien chez eux dont il ne fût en droit de se pré-
valoir, à un degré semblable ou supérieur. « Vous
êtes Français, leur disait-il, je le suis comme vous.
Philosophes, je le suis comme vous. Libres et
fiers, je le suis plus que vous. »

Il n'usait point avec eux d'habiles ménagements,

et parfois il les gourmandait « de venir, dans une cathédrale, entendre la parole divine avec un cœur enflé et comme des juges ». Parfois, au contraire, il louait ces fils du XVIIIe siècle, nourris des superbes pensées de leur âge, des marques de respect involontaire que leur arrachait la sainteté du lieu, et de l'instinct qui leur avait fait incliner la tête au moment où les mains sacerdotales élevaient l'hostie sacrée. Ou bien il pénétrait, avec une clairvoyante tendresse, dans les replis des jeunes cœurs qu'avait envahis le mal de la mélancolie, et il savait leur peindre le charme de cette indéfinissable tristesse dont notre âme est le puits profond et mystérieux.

Mais ce qui, après avoir étonné ses auditeurs, les avait conquis et enchaînés, c'est que de ce siècle auquel ils étaient fiers d'appartenir, et dont les grandes destinées étaient un de leurs dogmes, ils ne sentaient chez ce prêtre ni animadversion ni mépris. Il l'aimait autant qu'eux; comme eux il se réjouissait d'en être l'enfant, et loin de se répandre en regrets stériles sur le passé ou en prédictions funèbres sur l'avenir, son orgueil filial se félicitait à l'avance des progrès de toute sorte dont leur âge serait témoin. Il célébrait même déjà, avec une précision singulière, les découvertes de la science qui devaient abréger les distances, supprimer l'espace, rendre de peuple à peuple les communications plus faciles. A ses yeux, toutes ces découvertes ne pouvaient avoir qu'un seul but, permettre à la vérité d'aller droit et vite. « Et c'est vous, ajoutait-il, vous hommes du temps, princes de la civilisation industrielle, c'est vous qui dans cette grande œuvre êtes,

sans le savoir les pionniers de la providence....
Ainsi faisaient les Romains vos prédécesseurs. Ils
employèrent sept cents ans à rapprocher les peuples
par leurs armes, et à sillonner de leurs longues routes
militaires les trois continents du vieux monde. Ils
croyaient qu'éternellement leurs légions passeraient
par là, pour porter leurs ordres à l'univers. Ils ne
savaient pas qu'elles préparaient les voies triom-
phales du consul Jésus. O! vous donc leurs héri-
tiers, et aussi aveugles qu'eux, vous, les Romains de
la seconde race, continuez l'œuvre dont vous êtes
les instruments... afin qu'il n'y ait plus de repaires
où la tyrannie, protégée par l'isolement, interdise à
la vérité l'eau et le feu. Qu'ils seront beaux alors
les pieds de ceux qui évangélisent la paix! Les
apôtres vous loueront! ils diront en passant avec le
vol de l'aigle : que nos pères étaient puissants et
hardis! Que leur génie a été fécond! Qu'il fait
bon à nous, pauvres missionnaires, d'être emportés
si rapidement au secours des âmes! Qu'ils soient
bénis, ceux qui ont assisté l'esprit de Dieu par le
leur, et puissent-ils recevoir, dans l'autre patrie,
quelque chose de ces rosées du ciel dont ils ont
avancé l'effusion sans le savoir. »

On comprend que des accents, si nouveaux dans
la chaire chrétienne, remuassent profondément la
foule des auditeurs qui s'entassaient jusque dans le
fond obscur des chapelles, pour entendre quelques
éclats de sa voix. Cette foule ne se dispersait point
aussitôt après le sermon. Elle s'attardait sur le
péristyle, sur la place, à échanger l'expression de
son enthousiasme. « Ou bien, raconte un témoin

oculaire, on se portait à la porte de la sacristie par laquelle il devait sortir, dans les rues par lesquelles il devait passer. « Qu'il est beau! » disaient les hommes sur son passage. « Qu'il est bon! » se disaient les femmes. » Peut-être se disaient-elles aussi : qu'il est beau! car il l'était en effet, tel que le représente une miniature dont la reproduction est en tête de ce volume, avec ses cheveux noirs et abondants, sa figure pâle et ses grands yeux noirs dont le regard avait tant d'éclat et de douceur. « Il parle peu mais il dit tant du regard », écrivait Eugénie de Guérin, après l'avoir vu quelques instants.

A aucun moment de sa vie Lacordaire ne fut peut-être environné d'une popularité pareille [1]. Depuis les temps du moyen âge, la vieille cathédrale n'avait pas vu foule pareille remplir sa quintuple nef. On comprend que Mgr de Quélen, qui avait assisté quelques années auparavant au sac de son palais épiscopal, s'applaudît d'un changement dans l'état des esprits dont il pouvait bien revendiquer sa part, et qu'à la clôture de la station du Carême, il se levât pour le qualifier « de prophète nouveau ». On comprend également que, le reconduisant un jour chez Mme Swetchine, il l'appelât « notre géant ». Mais cette récompense n'était pas celle que goûtait le plus Lacordaire. « Un autre genre de joie, a-t-il écrit, s'adressait à mon âme et l'élevait dans des régions plus pures que celles de la renommée. Le commerce

---

1. Un certain vert qui fit fureur à la promenade de Long-champ reçut le nom de *vert Lacordaire*

des âmes se révélait à moi, commerce qui est la véritable félicité du prêtre, quand il est digne de sa mission, et qui lui ôte tout regret d'avoir quitté pour Jésus-Christ les liens, les amitiés et les espérances du monde. C'est à Notre-Dame, au pied de ma chaire, que j'ai vu naître ces affections et ces reconnaissances qui attachent l'homme à l'apôtre par des liens dont la douceur est aussi divine que la force. Quand une fois on a été initié à ces jouissances, qui sont comme un arome anticipé de l'autre vie, tout le reste s'évanouit et l'orgueil ne monte plus à l'esprit que comme un souffle impur dont le goût amer ne peut le tromper. » Ce commerce avec les âmes est la récompense des sacrifices du prêtre. Heureux doit être, entre tous les hommes, celui qui l'a connu et goûté !

CHAPITRE VI

LA RESTAURATION DE L'ORDRE DE SAINT-DOMINIQUE

Jamais le succès de Lacordaire n'avait été plus grand, jamais ses auditeurs n'avaient été plus attentifs et plus nombreux qu'à sa dernière conférence du Carême de 1836. Ce fut donc avec une sorte de stupeur qu'ils entendirent tomber de sa bouche ces paroles solennelles : « Puissé-je, messieurs, vous avoir inspiré au moins la bonne pensée de vous tourner vers Dieu dans la prière et de renouer vos rapports avec lui, non seulement par l'esprit, mais par le mouvement du cœur. C'est l'espérance que j'emporte avec moi. C'est le vœu que je forme en vous quittant. Je laisse entre les mains de mon évêque cette chaire de Notre-Dame désormais fondée, fondée par lui et par vous, par le pasteur et par le peuple. Un moment ce double suffrage a brillé sur ma tête. Souffrez que je l'écarte de moi-même et que je me retrouve seul quelque temps devant ma faiblesse et devant Dieu. » Une longue rumeur parcourut les rangs pressés, et cette rumeur n'était pas encore apaisée quand l'archevêque, se levant avec une visible tristesse, confirmait cette nouvelle en ajoutant que Lacordaire allait dans la ville éternelle, aux pieds du Père commun des fidèles, pour lui rendre compte de ce qu'il avait vu et de ce qu'il avait fait.

Quels motifs inspiraient au prédicateur en vogue une détermination qui paraissait aussi contraire à sa gloire? Sans doute, au sentiment de ce qu'il appelait sa faiblesse, à la nécessité reconnue, par lui, de fortifier encore son éducation théologique et sa science profane, devait se joindre la tristesse de savoir que l'éclatant succès de sa prédication n'avait ni fait taire les méfiances, ni désarmé les hostilités dont il était l'objet. Il ne pouvait ignorer que vingt-sept propositions avaient été extraites de ses conférences de 1835 comme hétérodoxes, et dénoncées à Rome par un vicaire général de Lyon, que l'évêque *in partibus* de Caryste préparait deux volumes contre lui, et que ses sermons étaient représentés par ses détracteurs comme constituant « la plus parfaite dégradation de la parole et l'anarchie la plus complète de la pensée, non seulement théologique mais philosophique ». Mais Lacordaire était homme à tenir tête à l'orage, s'il s'en produisait un. Il n'avait rien de timide dans la nature, et sa fierté le rendait peu sensible aux attaques. Il faut donc chercher les mobiles de cette détermination singulière dans un dessein secret et peut-être encore imparfaitement connu de lui-même.

Certes le succès des prédications de Lacordaire avait été grand. Mais qu'étaient-ce après tout que

des conférences adressées, pendant un temps limité,
dans une seule ville, à un public restreint? Quelle
pouvait être leur action, lorsqu'il ne s'agissait de
rien moins que de ramener à l'Église catholique
toute une nation, rendue méfiante par une longue
série de fautes et de malentendus? C'était à la
France entière qu'il fallait parler. Qui pouvait le
faire? Qui avait le droit de prendre la parole dans
toutes les villes, dans toutes les églises? Le clergé
paroissial. Mais au grand dessein qu'il avait conçu
Lacordaire sentait que le clergé paroissial demeurait
impropre. Il le savait trop dépendant du pouvoir
par son salaire et du château par ses habitudes, pour
prendre l'attitude hardie et tenir le langage populaire qui convenait, suivant lui, à une situation aussi
nouvelle. Si l'ancien rédacteur de *l'Avenir* avait
renoncé au rêve d'un clergé séculier ayant rompu
tout lien avec l'État et ne vivant que de ses propres
ressources, il n'en devait être que plus porté à
rechercher si la constitution même de l'Église ne
pouvait pas fournir les instruments nécessaires à
une transformation qu'il continuait de juger indis-
pensable. Dans l'Église française d'autrefois, intimement unie d'abord à la société féodale, ensuite et
surtout à la société aristocratique, une puissance
n'avait jamais cessé de représenter l'indépendance,
la liberté, la démocratie : c'étaient les Ordres
monastiques. Ces Ordres étaient demeurés étroitement associés à la vie du peuple, car c'était de ses
entrailles qu'ils sortaient. Le vrai moine est peuple,
avait-on pu dire avec vérité. Sans doute la corruption avait gagné en partie ces Ordres, comme elle

avait gagné plus ou moins toute l'Église de France.
Leur popularité s'était perdue; la Révolution les
avait proscrits; leur habit était devenu odieux ou
ridicule. Mais ne serait-il pas possible de retrouver,
dans ces Ordres régénérés, précisément cette milice
indépendante dont l'Église avait besoin pour engager la lutte sur tous les points, milice prête à tout
oser parce qu'elle n'avait rien à risquer, libre de
ses mouvements parce qu'elle n'aurait d'attaches
nulle part, pouvant se porter partout, pénétrer partout et ne devant compte de ses actes qu'au pape
et à Dieu.

A ces vues générales se joignaient également
chez Lacordaire d'autres pensées, plus personnelles
et plus intimes. La vie monastique, qui semble si
contraire aux instincts de notre nature, répond
cependant, on n'en saurait douter, à d'autres instincts
non moins puissants, puisque, dans tous les pays
où la législation n'y fait pas obstacle, et souvent
même malgré cette législation, on voit des cloîtres
s'ouvrir et se peupler. Cette vie, où l'activité se
mélange à la contemplation, est en effet nécessaire à
certaines âmes, qui ont besoin de solitude comme
les plantes ont besoin d'eau. Ce n'est pas que ces
âmes soient insensibles ou indifférentes, bien au
contraire; c'est plutôt que la vie trop intense de
leur esprit, les vibrations trop incessantes de leur
cœur leur rendent indispensables certains intervalles
où elles ont le droit de chercher un refuge en elles-
mêmes. L'instrument le plus riche, pour rendre
tout le son dont il est capable, a besoin que ses
cordes soient parfois détendues. Lacordaire était

de ces natures que fatigue leur sensibilité même, et
de bonne heure ce penchant à la retraite s'était développé chez lui. « Je sens avec joie, écrivait-il à
Montalembert, la solitude se faire autour de moi,
c'est mon élément, c'est ma vie »; et dans une autre
lettre : « On ne fait rien qu'avec la solitude; c'est
mon grand axiome. Un homme se fait en dedans de
lui et non en dehors. »

En demandant la solitude à la vie commune, et
en pliant sous une règle, plus étroite que celle du
sacerdoce, une nature encore impétueuse et une
humeur encore impatiente, qui sentait davantage
l'homme que le chrétien, Lacordaire ne faisait donc
point autre chose que donner suite à un dessein
conçu depuis longtemps, et qu'il annonçait même
dès sa sortie du séminaire. Au moment où il avait
pris la détermination de quitter la chaire de Notre-
Dame et de venir faire un long séjour à Rome, il
s'en fallait cependant que ses vues d'avenir et ses
résolutions intérieures eussent la précision que je
viens de leur donner. Souvent ainsi, dans nos déter-
minations les plus graves, nous obéissons à quelque
force intérieure dont nous ne reconnaissons qu'après
coup la secrète influence :

> J'ignore où mon dessein qui surpasse ma vue
> Si vite me conduit,
> Mais, comme un astre ardent qui brille dans la nue,
> Il me guide en la nuit.

Ainsi s'exprimait, il y a tantôt deux cents ans, un
moine, un capucin, le père Joseph, qui n'a pas laissé
de jouer un certain rôle dans notre histoire, et c'est

dans le même sens que Lacordaire a pu dire, en une langue moins poétique, « que sa retraite à Rome avait un but caché qui ne devait lui être révélé que plus tard ». Pour que ce but lui fût révélé, il fallut un incident grave, celui de sa rupture à peu près complète avec Mgr de Quélen.

Cette rupture survint à propos de la *Lettre sur le Saint-Siège* par laquelle Lacordaire voulut répondre au livre de Lamennais sur les *Affaires de Rome*. Par des raisons qui semblent aujourd'hui assez difficiles à comprendre, l'archevêque se montra contraire à la publication. Lacordaire fut blessé de cette résistance. A tort ou à raison, il s'imagina que Mgr de Quélen s'était laissé circonvenir de nouveau par des influences qui lui étaient hostiles, et toute la diplomatie de Mme Swetchine ne parvint pas à empêcher le conflit. Lacordaire écrivit à Mgr de Quélen plusieurs lettres, sur un ton d'égalité hautaine dont il était impossible que celui-ci ne fût pas blessé à son tour. Ce conflit rendait presque impossible à Lacordaire le retour à Paris, et surtout la rentrée dans la chaire de Notre-Dame où le père de Ravignan venait, au reste, d'inaugurer avec succès un génie de prédication assez différent du sien. Il lui fallait prendre un parti. A ce moment, c'est-à-dire au mois de mars 1837, il fit une retraite dans la maison de Sainte-Eusèbe, qui appartenait aux Jésuites. Autant qu'il est possible de pénétrer dans les replis intérieurs d'une âme, ce fut au cours de cette retraite qu'il prit sa résolution définitive. Chose étrange, cette résolution lui fut plus dure que ne lui avaient été ses premiers vœux. « Le sacrifice fut sauglant, a-t-il écrit. Tandis qu'il ne m'en avait rien coûté de quitter le monde pour le sacerdoce, il m'en coûta tout d'ajouter au sacerdoce le poids de la vie religieuse. Toutefois, dans le second cas comme dans le premier, une fois mon consentement donné, je n'eus ni faiblesse ni repentir, et je marchai courageusement au-devant des épreuves qui m'attendaient. »

Quant au choix de l'Ordre où il devait entrer, Lacordaire l'expliquait ainsi : « L'histoire, a-t-il écrit, ne me montrait que deux grands instituts, l'un né au xiiie siècle pour la défense de l'orthodoxie contre la première invasion des hérésies latines, l'autre suscité au xvie siècle pour être une barrière au protestantisme, forme suprême de l'erreur en Occident. Il me fallait donc choisir entre la Compagnie de Jésus et l'Ordre des Frères Prêcheurs, ou plutôt, je n'avais pas de choix, à faire, puisque les Jésuites existant en France, n'avaient pas besoin d'y être rétablis. » L'alternative n'était pas cependant aussi étroite ni le choix aussi contraint que Lacordaire l'a représenté. Plus d'un Ordre, en effet, aboli en France par la Révolution, n'avait pas encore été rétabli, et il semble en particulier que celui, si français, de l'Oratoire, avec les grands souvenirs de Bérulle et de Malebranche, aurait pu le tenter, comme il a tenté plus tard les Perraud et les Gratry. Quelque chose l'attirait donc vers l'Ordre fondé par saint Dominique, qui devait répondre particulièrement à ses goûts comme à ses desseins.

Et d'abord le nom seul que portait le célèbre institut : *Ordre des Frères Prêcheurs*. C'était, en effet, comme aux temps d'autrefois, sur l'instrument puissant de la parole qu'il comptait pour restaurer l'influence de l'Église, bien plus que sur les écrits et la polémique théologique. Quant à l'impopularité de l'Ordre injustement compromis (c'était un point qu'il avait plus tard à cœur d'établir) par les souvenirs de l'Inquisition, c'était une objection qui contribuait peut-être au contraire à le déterminer, par un trait de son esprit qu'il faut signaler.

Dans sa manière oratoire, Lacordaire ne reculait pas devant l'expression inattendue, nouvelle, hardie, qui était de nature à frapper l'oreille de l'auditeur, dût-elle l'étonner et le scandaliser un peu : en un mot il cherchait l'effet, et le trouvait souvent. De même, dans sa conduite, il ne reculait pas devant les actes éclatants qui forcent l'attention et provoquent la discussion ; il n'avait pas seulement du courage, il avait de l'audace et il ne redoutait pas non plus l'effet. Entreprendre, lui, prêtre libéral, de rétablir en France l'Ordre auquel avait appartenu Torquemada, était une difficulté qui aurait effrayé un moins entreprenant, mais qui, pour lui, devenait au contraire un stimulant. Il n'était pas jusqu'à ce costume étrange, à ce froc blanc, à ce manteau noir, à cette tête rasée qui ne servît son dessein secret. Point n'était possible avec ce costume de s'introduire, un à un, comme l'avaient fait les Jésuites, suivant une tactique à eux familière, et qui leur avait permis d'établir un noviciat à Montrouge. Le jour où un Dominicain, revêtu du costume de son ordre, rentrerait en France, ce serait un défi. Mais si le défi n'était pas relevé, c'était une victoire, et cacher ainsi l'habileté sous la hardiesse était une tactique qui lui convenait mieux que la manière silencieuse des Jésuites. Entre les différentes tactiques, chacun choisit celle qui convient le mieux à son tempérament, et, en toutes choses, Lacordaire eut toujours le goût de la sonorité.

Sa résolution prise, il fallait informer de ce projet d'abord ses amis, puis la France. Il commença de le faire au retour d'une station de Carême, prêchée dans la cathédrale de Metz, où il avait retrouvé tous ses succès de Notre-Dame. C'était au printemps de 1838. Il ne rencontra d'abord que froideur et objection. « Ces choses-là sont dans la main de Dieu, lui avait dit Mgr de Quélen, mais sa volonté ne s'est point manifestée. » Mme Swetchine le laissait faire plutôt qu'elle ne l'encourageait. Une affection très tendre et très dévouée, dont j'aurai plus tard à marquer dans sa vie la place peu connue, s'efforçait de le retenir. Elle ne le voyait pas sans trouble sacrifier (elle le croyait du moins) et sa renommée et son talent à de vains projets d'austérité et de renoncement. Rien ne l'ébranla.

Il fallait ensuite conquérir l'opinion publique. Dans cette pensée, il rédigeait un *Mémoire pour le rétablissement des Frères Prêcheurs*, qui, parmi les œuvres sorties de sa plume, est demeurée l'une des plus célèbres. C'était à la France qu'il l'adressait : « Mon pays, lui disait-il, pendant que vous poursuivez avec joie et douleur la formation de la société moderne, un de vos enfants, chrétien par la foi, prêtre par l'onction traditionnelle de l'Église catholique, vient réclamer de vous sa part dans les libertés

que vous avez conquises et que lui-même a payées.
Il vous prie de lire le *Mémoire* qu'il vous adresse
ici... »

Il s'adressait alors à une autorité qu'il appelait,
comme Pascal, la reine du monde, à l'opinion publique, pour lui demander protection contre elle-
même, s'il en était besoin, et il s'efforçait de montrer
dans quelques pages éloquentes, habiles et qui sont
à relire (car la question posée par lui n'est pas encore
légalement résolue) ce qu'il y avait d'étrange, dans
un pays épris de liberté, à ne pas permettre à des
citoyens d'habiter une même maison, de s'y lever et
de s'y coucher à la même heure, de manger à la même
table, de porter le même vêtement. Il continuait par
un panégyrique de l'Ordre des Frères Prêcheurs dont
il exaltait les travaux comme prédicateurs, comme
docteurs, comme missionnaires, et il trouvait des
accents, pleins d'éloquence et de charme, pour
peindre la vie de ces *Frères pérégrinants*, comme
on les appelait, dont bien peu revenaient mourir
au couvent natal, et qui pour la plupart s'endor-
maient, au contraire, épuisés de fatigue, loin de
leurs frères et de leur pays. Il prédisait, avec une
sagacité singulière, les souffrances que ne pouvait manquer d'engendrer, au sein de la société
moderne, le double principe de l'égalité des droits
politiques et de la liberté de la concurrence industrielle, et il ajoutait ces paroles prophétiques : « Les
associations religieuses, agricoles, industrielles sont
les seules ressources de l'avenir contre la perpétuité des révolutions. Jamais le genre humain ne recu
lera vers le passé ; jamais il ne demandera secours aux

vieilles sociétés aristocratiques, quelle que soit la pesanteur de ses maux ; mais il cherchera dans les associations volontaires, fondées sur le travail et sur la religion, le remède à la plaie de l'individualisme. » Enfin il terminait, comme il avait commencé, en faisant appel à la France, déclarant au surplus que quel que fût le traitement que lui réservât sa patrie, il ne s'en plaindrait pas et qu'il espérerait en elle jusqu'à son dernier soupir.

Quelques jours après la publication de ce *Mémoire* Lacordaire prenait de nouveau le chemin de Rome avec deux compagnons, et, le 9 avril 1839, les trois Français recevaient l'habit de Saint-Dominique au couvent de la Minerve. Le lendemain ils partaient pour le couvent de la Quercia, près de Viterbe, où ils devaient passer l'année de leur noviciat. « Il faisait froid le jour de notre arrivée, écrivait-il trois jours après à Mme Swetchine. Le vent avait tourné au Nord, et nous n'avions qu'un habit d'été dans une chambre sans feu. Nous ne connaissions plus personne ; tout le prestige, tout le bruit s'était évanoui ; l'amitié nous suivait de loin sans plus nous presser ; nous étions seuls avec Dieu, en présence d'une vie dont la pratique nous était inconnue.... J'eus un moment de faiblesse. Je tournai les yeux vers tout ce que j'avais quitté, cette vie faite, ces avantages certains, des amis tendrement aimés, des journées si pleines de conversations utiles, les foyers chauds, les mille joies d'une vie comblée par Dieu de tant de bonheur extérieur et intérieur. C'était payer cher l'orgueil d'une forte action que renoncer à tout cela pour toujours. Je m'humiliai devant Dieu, et lui demandai la force dont j'avais besoin. Dès la fin de la première journée, je sentis qu'il m'avait exaucé, et depuis trois jours les consolations ont été croissant dans mon âme, avec la douceur d'une mer qui caresse ses grèves en les recouvrant. »

Lacordaire subit l'épreuve du noviciat dans toute sa rigueur. Le Maître général lui avait proposé d'en abréger de six mois pour lui la durée, mais il refusa, de même qu'il ne voulut être exempté d'aucun des exercices que la règle impose aux novices. A son tour il puisait l'eau, balayait les corridors, entretenait les lampes. Ces occupations modestes et la psalmodie des offices n'employaient pas cependant toutes se. heures, et il lui restait du temps pour des emplois d'un ordre (je parle au point de vue purement humu 'n) plus relevé. Il employa ce temps à écrire une v.e de saint Dominique, qui parut l'année suivante. « C'est immense comme beauté, disait Chateaubriand après l'avoir lue; je ne connais pas un plus beau style », et Mme Swetchine : « Ce n'est pas seulement un chef-d'œuvre, c'est un miracle parce qu'il est destiné à en faire ».

Il est difficile aujourd'hui de se hausser à ce ton d'enthousiasme. Ce n'est pas que l'œuvre elle-même soit à dédaigner. Elle est écrite avec chaleur et mouvement, dans une langue forte et imagée, un peu trop imagée peut-être. Mais la révolution qui s'est opérée dans la méthode historique nous rend aujourd'hui moins indulgents pour ces biographies composées sans aucun recours aux documents primitifs, avec une absence totale et volontaire de critique. Lacordaire a toujours été d'ailleurs moins écrivain qu'orateur. S'il avait parfois des expressions saisissantes et des trouvailles de mots, le défaut assez ordinaire de son style, qui était le vague et l'impropriété de l'expression, apparaît davantage lorsque la forme cesse d'être relevée et soutenue par le mouvement. Aussi ce petit livre n'a-t-il pas eu la brillante destinée que lui prédisait Mme Swetchine, et je ne crois pas qu'il ait fait grand miracle.

Le terme de son noviciat approchait cependant, et le 12 avril 1840, il prit définitivement l'habit devant un petit nombre d'assistants, parmi lesquels se trouvait, entre autres, la touchante héroïne des *Récits d'une sœur*, la comtesse Albert de la Ferronnays. Quelques jours après, elle l'entendait prêcher à Saint-Louis des Français. « Cela a dépassé ce que j'imaginais, écrivait-elle, quoique mon imagination allât loin. Que j'aurais voulu l'entendre encore! » Mais Lacordaire (dont le sermon avait suscité de vives contradictions) n'avait pas l'intention de recommencer à l'étranger une carrière de prédicateur, et, dans la lettre même qu'il adressait au Maître général pour lui demander la permission de demeurer à Rome pendant trois ans, il affirmait sa volonté de demeurer fidèle à la France : « Nous lui appartenons, disait-il, par notre baptême, par ses malheurs et ses besoins, par notre foi profonde en ses destinées, par notre âme tout entière; nous voulons vivre et mourir ses enfants et ses serviteurs». Aussi, à peine la permission obtenue, et l'établissement d'un noviciat français au couvent de Sainte-Sabine décidé en principe, Lacordaire partait pour Paris avec la pensée d'y chercher de nouveaux compagnons, mais surtout de montrer à tous les yeux l'habit de Saint-Dominique.

Il y avait longtemps que la pensée de reparaître en France sous ce costume oublié hantait l'esprit de Lacordaire. « Vous me verrez en chaire sous l'habit blanc et noir », écrivait-il à une amie dès les premiers mois de son noviciat. Aussi Mgr de Quélen lui ayant fait des compliments sur son *Mémoire en faveur du rétablissement des Frères Prêcheurs*, il n'avait pas hésité à mettre de côté ses griefs, fondés ou non, et à lui écrire pour lui demander s'il consentirait à le laisser paraître dans la chaire de Notre-Dame. Depuis lors Mgr de Quélen était mort et Mgr Affre lui avait succédé. Lacordaire renouvela sa demande et Mgr Affre n'hésita pas à y accéder. C'était une première épreuve que de traverser la France, en costume de Dominicain. Lacordaire la tenta. Il avait pris cependant la précaution d'emporter avec lui une vieille soutane, afin de pouvoir s'en revêtir en cas de nécessité pressante ; mais, au bout de quelques jours, il trouva que pareille précaution était indigne d'un *Frère pérégrinant* de Saint-Dominique, et ayant rencontré un prêtre espagnol en guenilles, il la lui donna. Au cours de sa route, il excita quelque étonnement, reçut quelques quolibets, mais aucune insulte, et il put, sans inconvénients, se promener en moine dans les rues de Paris où, dix ans auparavant, il ne pouvait pas se montrer en prêtre. Les difficultés semblaient s'aplanir sur sa route. On avait répandu le bruit que le gouvernement était hostile. Le garde des sceaux, M. Martin du Nord, l'invita à dîner, et un ancien garde des sceaux de Charles X, présent à ce dîner, put dire à son voisin, avec une ironie mélancolique, que si jadis il en avait fait autant, le feu aurait été mis le lendemain à la chancellerie.

Jusque-là tout se passait bien, mais dans la pénombre. L'épreuve définitive, c'était l'apparition au grand jour, dans la chaire de Notre-Dame. A la date fixée, le 12 février 1841, sous prétexte de prononcer un sermon en faveur des conférences de Saint-Vincent-de-Paul, Lacordaire y monta. L'affluence était immense ; pas une place n'était vide dans les nefs ni dans les chapelles latérales. La curiosité était très surexcitée. Le plus grand nombre des auditeurs se souvenaient d'avoir vu, dans cette chaire, un jeune prêtre à la chevelure abondante et bouclée, aux grands yeux ardents, éclairant un visage pâle mais plutôt plein. Ils virent monter un moine à la tête rasée, ceint seulement d'une couronne de cheveux, aux traits émaciés, mais aux yeux encore agrandis, tel que le leur avait déjà montré un portrait de Chassériau qui avait été exposé quelque temps auparavant au Salon. « Exposez, avait dit Lacordaire au peintre : c'est encore une manière de faire connaître mon habit. » Le sujet qu'il avait choisi était la *Vocation de la nation française*, voulant, ainsi qu'il l'a dit lui-même, couvrir de la popularité des idées l'audace de la tentative : c'est toujours en effet flatter l'orgueil de la France que de lui dire qu'elle a reçu une mission providentielle, fût-ce en lui reprochant d'y avoir manqué. Le sermon dépassa les limites ordinaires. Comme il s'apercevait d'un peu de fatigue chez ses auditeurs, il eut une suspension heureuse : « Je suis long peut-être, Messieurs, mais c'est votre faute. C'est votre histoire que je vous raconte; vous me pardonnerez, si je vous ai fait boire jusqu'à la lie ce calice de gloire. »

Ce sermon, qui n'est pas un de ses meilleurs, lui valut beaucoup d'attaques de la part des journaux légitimistes, parce qu'il avait paru admettre que l'avènement au pouvoir de la bourgeoisie était dans le plan général de la Providence. Il fut traité à cette occasion de révolutionnaire et de tribun. Mais peu importait la valeur du sermon. Le jour où, en plein Paris, Lacordaire était monté en chaire, avec un froc blanc et un manteau noir, et où il en avait pu descendre sans exciter ni protestation ni tumulte, ce jour-là il avait conquis droit de cité en France pour l'ordre de Saint-Dominique, et assurément jamais victoire plus complète n'a été remportée par la puissance d'un seul homme, sur les préjugés d'un temps et d'un pays.

Dans une étude avant tout littéraire, comme celle-ci, je ne saurais m'arrêter à marquer les étapes successives de cette victoire : création d'une première maison à Nancy en 1843 et d'une seconde à Chalais en 1844; fondation d'un noviciat à Flavigny en 1848; enfin érection de la Province Dominicaine de France dont Lacordaire fut le premier Provincial. Mais c'est une mesure trop étroite du succès obtenu par Lacordaire, que la place aujourd'hui conquise par l'ordre de Saint-Dominique, avec ses trois provinces de France, de Toulouse et d'Occitanie, avec ses dix-huit maisons du Grand-Ordre, et ses six maisons du Tiers-Ordre, avec ses six cents profès ou

novices, et surtout avec ses prédicateurs dont le
renom et la popularité remplissent la chaire française.
Son œuvre a été plus large, car il a été le véritable
restaurateur des Ordres monastiques dans notre
pays. Sans doute, à ne s'attacher qu'aux dates, on
pourrait dire que le noviciat des Jésuites à Montrouge ou l'abbaye des Bénédictins à Solesmes ont
existé avant la première maison des Dominicains à
Nancy. Mais si les Ordres monastiques sont aujour-
d'hui intimement mêlés à la vie religieuse, et même,
par l'éducation, à la vie générale de la France, si
non seulement Dominicains, mais Capucins, Prémon-
trés, Oblats, Eudistes, bien d'autres qu'on pourrait
citer se promènent aujourd'hui librement en France,
s'ils y vivent au grand jour, s'ils y ont fait preuve
d'une vigueur indestructible, c'est à Lacordaire qu'ils
le doivent, parce qu'il leur a communiqué quelque
chose de sa tranquille audace, de sa persévérance
hardie, et parce que, le premier, il leur a enseigné à
revendiquer la liberté du moine au nom des droits
du citoyen.

Quelles racines a poussé, dans le sol si profondément retourné de la France, cette vieille graine
semée à nouveau par la main de Lacordaire, l'auteur de ces lignes en a eu la vision très nette, il y
a quelques années. C'était à Fontaine-lez-Dijon, le
petit village qui a eu la gloire de donner le jour à
saint Bernard. Près de trente mille pèlerins ou
curieux s'y étaient rassemblés, pour célébrer à la
fois le huit centième anniversaire de la naissance du
saint, et la restauration de sa maison natale. Une messe
allait être célébrée, un sermon prononcé en plein air,

tout comme au moyen âge, et il ne fallait à l'imagination qu'un faible effort pour se croire transporté dans un passé bien lointain. La procession arriva. Dix-sept évêques marchaient en tête, avec leurs mitres de soie, leurs croix et leurs crosses en or. Certes la figure de ces pieux fonctionnaires de l'Église, signalés pour la plupart à son choix par un État incrédule, commandait le respect et respirait la dignité. Mais on y lisait en même temps, sauf sur deux ou trois physionomies que je pourrais citer, je ne sais quelle soumission triste et quelle résignation anticipée. La foule les vit passer avec indifférence. Venaient ensuite les abbés et prieurs. Ils étaient quarante-sept, la plupart portant une mitre de lin, une croix et une crosse de bois. Peu accoutumée à voir des abbés crossés et mitrés, la foule les regardait au contraire avec une curiosité bienveillante. Jeunes pour la plupart, leurs traits accentués, leurs regards fermes traduisaient l'ardeur, la confiance et, au besoin, la résolution d'une invincible résistance. On sentait que la vie et la sève étaient là. Songeant alors à toutes les vicissitudes par lesquelles les Ordres monastiques ont passé en France depuis cent ans : la proscription violente et sanglante, l'impopularité dédaigneuse, les mesures sottement vexatoires, et contemplant cet étalage au grand jour, au plein soleil, de costumes et d'insignes si longtemps oubliés, je sentis la vérité profonde de cette parole, qui, lancée par Lacordaire, parut autrefois un paradoxe : « Les chênes et les moines sont éternels ».

CHAPITRE VII

LES CONFÉRENCES DE NOTRE-DAME ET LEUR INFLUENCE SUR LA PRÉDICATION CONTEMPORAINE

Ce fut au mois de décembre 1843 qu'après sept années d'interruption volontaire Lacordaire remonta dans la chaire de Notre-Dame d'où il ne devait descendre qu'en 1852. Ces sept années n'avaient pas été pour lui des années muettes. Il avait successivement porté sa parole ardente à Nancy, à Bordeaux, à Lyon, à Marseille, et il avait pu se convaincre qu'il n'avait rien perdu de sa puissance oratoire. Mgr de Quélen était mort. Mgr Affre l'appelait à Paris. Il n'y avait point de raisons pour qu'il se dérobât à cet appel. Mais sa rentrée à Notre-Dame devait être précédée d'une véritable bataille. Mgr Affre n'était assurément pas un timide; sa fin l'a bien prouvé. Cependant, en présence des préventions de l'esprit public singulièrement réveillées depuis deux ans, il redoutait le trouble et les désordres que pourrait faire naître l'installation officielle et régulière, dans la chaire de Notre-Dame, d'un prédicateur à la tête rasée, revêtu d'un froc blanc et d'un manteau noir. Le Roi, qui ne se souciait pas de voir se renouveler les scènes de Saint-Germain-l'Auxerrois, partageait cette crainte. Il fit venir Mgr Affre, et s'efforça de l'intimider pour obtenir qu'il retirât la parole à Lacordaire. L'archevêque tint bon, mais en même temps il avait recours à la diplomatie de Mme Swetchine pour obtenir de Lacordaire une concession : qu'il consentît à dépouiller son costume de Dominicain et à paraître dans la chaire en habit de prêtre séculier : tout serait arrangé. Ce ne fut pas sans répugnance que Mme Swetchine se chargea du message. Sa main, disait-elle, tremblait en écrivant à Lacordaire, et en lui demandant « si l'homme, en lui, serait complètement effacé et vaincu, s'il irait jusqu'au sacrifice d'une sorte de point d'honneur et de jouissance toute personnelle, pour que la parole de Dieu fût noblement, libéralement, glorieusement annoncée. » A cette diplomatique missive, Lacordaire répondit par une fière lettre que je voudrais pouvoir citer tout entière, tant y respire l'accent de l'honneur :

« J'irais, disait-il, donner, dans Notre-Dame, à nos ennemis, le spectacle d'un religieux qui a peur après avoir affiché le courage, qui se cache après s'être montré, qui demande grâce et merci en raison de son déguisement volontaire ; cela n'est pas possible. Plus la situation est grave, plus les catholiques attendent de ma parole une éclatante revanche, moins je dois leur préparer une si douloureuse surprise. Il vaut mieux cent fois se taire que trahir leurs espérances. La religion n'a pas besoin de triompher; elle peut se passer de ma parole à Notre-Dame. Dieu est là pour la soutenir et l'honorer dans l'opprobre; mais elle a besoin que ses enfants ne l'humilient pas eux-mêmes et ne déshonorent pas ses épreuves. » Et il terminait en disant : « Le caractère est ce qu'il faut toujours sauver avant tout, car c'est le caractère qui fait la puissance morale de l'homme ».

Ajoutons, pour clore l'épisode, que Lacordaire ayant tenu bon jusqu'au bout, ordre lui vint du Maître général des Dominicains de céder, qu'il s'y refusa encore, et que la seule concession qu'on put obtenir de lui fut qu'il revêtirait le rochet et la mozette de chanoine, par-dessus son costume de Dominicain. Ce fut dans ce bizarre accoutrement qu'on le força quelque temps d'apparaître en chaire à Notre-Dame. Sourions de ces misères, mais ne négligeons pas cependant de constater quels progrès a faits, dans notre pays, à travers les temps et en dépit de certaines tentatives, l'esprit de tolérance et de liberté.

Lacordaire devait occuper la chaire de Notre-Dame pendant neuf années consécutives. Il y prononça soixante et treize conférences, auxquelles il faut ajouter les six conférences données à Toulouse en 1854 si l'on veut connaître l'ensemble de son œuvre apologétique, les autres discours et sermons prononcés par lui ayant un caractère différent. Le moment est venu d'étudier sa manière oratoire, de montrer ce qu'était avant lui l'éloquence de la chaire et ce qu'il en a fait.

Depuis les temps les plus reculés jusqu'à nos
jours, la prédication a toujours été étroitement
mêlée à la vie morale et sociale de notre pays.
Autrefois, ceux qui maniaient la parole sacrée,
apôtres, évêques, simples moines, étaient les seuls
qui eussent le privilège de s'adresser au peuple, à
la foule. Avant l'imprimerie, avant la presse, c'était
par leur canal que les idées élevées arrivaient aux
intelligences grossières. C'est la prédication qui a
tiré la France de la barbarie, en la façonnant à
la morale du christianisme. Dans l'œuvre de civilisation qu'il avait entreprise, Charlemagne comptait
tellement sur la prédication qu'il avait fait répandre,
dans tous les diocèses de son empire, et distribuer
aux lecteurs de ses églises un *homiliaire*, c'est-à-
dire une compilation de sermons, en deux volumes,
recueillis par Alcuin. Trois siècles plus tard, c'est
la prédication qui envoie la France aux croisades,
et les orateurs sacrés jouent alors le même rôle
que les tribuns populaires au moment de la Révolution. Plus tard encore, au moment où la Réforme
divisa en deux l'Europe chrétienne, c'est grâce aux
prédicateurs de la Ligue et à leur verve que le
catholicisme est demeuré en France la religion du
peuple, et que le prône a vaincu le prêche. A partir
de la Ligue, la prédication perd, il est vrai, son caractère populaire pour devenir un genre littéraire.
Mais, dans un temps où l'exemple de grands scan-
dales était donné de haut, elle a eu du moins l'honneur, par la bouche de Bossuet, de Bourdaloue, de
Massillon, de mettre l'éloquence au service de la
plus pure morale. Il s'est passé alors un phénomène

unique dans l'histoire de l'évolution des genres,
pour parler comme Brunetière. Avec ces trois grands
noms, le genre sermon arrive du premier coup à
son apogée. Eux disparus, le genre décline. De tous
les prédicateurs qui ont occupé la chaire chrétienne
dans la seconde moitié du XVIIIe siècle, il n'y en a
qu'un dont le nom ait survécu ; c'est le père Bridaine,
et cela grâce au sermon fameux prononcé par lui,
en 1751, dans l'église de Saint-Sulpice, devant le
plus mondain des auditoires ; sermon où il s'accusait
d'avoir prêché les rigueurs de la pénitence à des
infortunés dont la plupart manquaient de pain, et
d'avoir ainsi contristé les pauvres, les meilleurs amis
de son Dieu. Mais les autres prédicateurs ses contemporains, les Élysée, les Poulle sont tombés dans
un profond oubli.

La Révolution ferma pour plusieurs années la
chaire française, et, quand le Concordat la rou-
vrit, elle n'en demeura pas moins vide. Il serait
cependant injuste de ne pas mentionner le nom de
Mgr Frayssinous, et ses *Discours sur la défense du
christianisme*, prononcés dans l'église de Saint-Sulpice « devant un auditoire composé surtout de jeunes
gens appartenant aux classes éclairées », comme le
dit l'avant-propos des trois volumes publiés par lui
en 1825. Ces *Conférences*, comme il est d'usage de
les appeler, inauguraient en effet un genre nouveau.
Mais la voix de l'orateur n'était pas assez forte pour
arriver à l'oreille des foules, et la tentative demeura
sans écho. Depuis la retraite de Massillon, ou, si
l'on veut, depuis celle du père Bridaine, jusqu'au
jour où Lacordaire a pris pour la première fois la

parole, on peut dire que la chaire chrétienne est demeurée muette [1].

Quelle a été la cause de la décadence rapide de cette forme de l'art oratoire qui, deux siècles plus tôt, avait brillé d'un si vif éclat? Sans doute, on la peut trouver dans l'affaiblissement des croyances religieuses et dans l'influence des doctrines philosophiques du xviiie siècle. Mais, à ne considérer la chose qu'à un point de vue purement littéraire, on peut dire que le sermon s'était perdu, comme s'est perdue la tragédie classique, en demeurant attachée avec obstination à une forme immuable. « Le sermon est un genre faux », a dit Schérer, dans un article qui eut autrefois un certain retentissement, et il en déduisait doctement les raisons qui, suivant lui, seraient au nombre de trois. D'abord le texte,

---

1. Il est assez remarquable que, dans l'Église réformée, l'histoire du sermon est absolument la même. A l'époque de la plus grande expansion du protestantisme, aucun prédicateur ne se fait remarquer par son éloquence, même populaire. Le prêche rivalise avec le prône, sinon de trivialité, du moins de lourdeur. C'est également sous Louis XIV que l'éloquence protestante s'élève le plus haut, avec Dubosc, avec Drelincourt, et surtout avec Saurin, qui, à la vérité, n'a jamais prêché en France. Elle retombe aussitôt après. Au xviiie siècle, les sermons de ceux qu'on a appelés les *pasteurs du désert* sont des monuments de foi ardente, mais sans valeur littéraire. Pendant toute la fin du dernier siècle et au commencement de celui-ci, l'éloquence protestante a langui pour ne se ranimer que vers 1830, à l'époque qu'on a appelée le *réveil*. Une des gloires de la chaire protestante, M. Adolphe Monod, a commencé de prêcher à Paris en 1840, c'est-à-dire à peu près en même temps que le père Lacordaire. Postérieurs d'une vingtaine d'années, les sermons de M. Eugène Bersier méritent également d'être lus par tous ceux qui aiment à voir la pensée chrétienne relevée par la beauté de la forme.

qui n'est qu'un prétexte, que le prédicateur n'explique pas, ne commente pas, et dont il tire plus ou moins arbitrairement un motif sur lequel il jouera des variations. Puis la division, toujours pédantesque, presque toujours aussi forcée et scolastique. Enfin la nécessité où se trouve le prédicateur de prêcher sur le dogme ou la morale, et l'impossibilité de faire entrer dans ce cadre étroit une part de vérité humaine. Aussi concluait-il en disant : « Le sermon est un genre faux surtout parce qu'il a vieilli, et qu'il est difficile de s'y intéresser, même rétrospectivement ».

Bien qu'elle sente le parti pris, et la rancune de quelqu'un qui avait prêché trop longtemps pour son goût, cette critique de Schérer n'est pas dénuée de toute vérité. Son tort est d'être générale et absolue; car, d'abord, il n'est pas nécessaire qu'un sermon ait un texte (et du reste un texte peut avoir aussi sa beauté). Il est ensuite moins nécessaire encore que la division en soit pédantesque et scolastique. Enfin, un sermon peut parfaitement ne pas rouler sur le dogme ou sur la morale, et il peut surtout contenir une part de vérité humaine et générale. C'est précisément le cas pour les sermons de Lacordaire dont, à en juger par le mépris avec lequel il en parlait, on pourrait croire que Schérer n'avait jamais lu un seul. Et si ce genre vieilli a été radicalement transformé, s'il est possible de s'y intéresser non pas seulement d'une façon rétrospective, c'est à Lacordaire qu'en revient l'honneur. Il en a en effet rajeuni le genre par la nouveauté de ses procédés d'apologétique, par la forme de ses sermons et par la nature des sujets qu'il y a traités. C'est à ce triple point de vue que son œuvre oratoire mérite d'être |étudiée.

C'est le propre de l'apologétique de renouveler ses arguments avec le temps, car, depuis Arius jusqu'à Luther, et depuis Luther jusqu'à nos jours, l'orthodoxie catholique a eu à lutter contre bien des objections différentes. Mais celles avec lesquelles elle se trouvait aux prises, au moment où Lacordaire entama la controverse avec tant d'éclat, était d'une nature toute spéciale. Ces objections n'étaient inspirées ni par l'impiété railleuse du siècle dernier, ni par le dogmatisme scientifique du siècle présent. La philosophie qui régnait alors était déiste et spiritualiste. De cette philosophie ce n'était pas seulement la Sorbonne et l'Université qui étaient pénétrées, c'était encore le théâtre, la littérature, la politique. Depuis Cousin ou Jouffroy jusqu'à Lamartine ou Victor Hugo, depuis Cuvier ou Ampère jusqu'à M. Thiers ou M. Guizot, aucune intelligence élevée ne lui refusait son adhésion. Elle avait donc avec l'Église catholique un fonds commun. Mais l'Église avait à lutter contre un ennemi plus redoudable peut-être que le matérialisme ou la science : contre le dédain respectueux. Ce n'était pas à tort qu'au temps où il protestait contre ce dédain, Lamennais avait donné comme épigraphe à son célèbre *Essai sur l'indifférence en matière de religion* ce verset emprunté au Psalmiste : *Impius, quum in profundum venerit, contemnit.* Le mépris de l'impie était d'autant plus difficile à combattre qu'il revêtait presque une forme affectueuse. Philosophes, historiens, érudits s'accordaient pour parler avec reconnaissance des services que l'Église avait rendus, lorsqu'il s'était agi de conduire l'humanité de la barbarie à la civilisation. Mais sa mission était terminée : l'humanité, appuyée sur la raison, était désormais en état d'arrêter seule le symbole de ses croyances et le catéchisme de ses devoirs. Elle n'avait plus besoin d'être tenue par la main pour s'avancer d'un pas ferme dans les routes de l'avenir, et l'enfant émancipé pouvait marcher sans l'assistance de la mère. Bien plus ! les lisières dont son premier âge avait été environné ne pouvaient désormais qu'entraver sa croissance. La doctrine catholique était incompatible avec la liberté des peuples; on ne disait pas encore avec la démocratie, parce que le mot sonnait mal aux oreilles de la bourgeoisie régnante, mais on disait : avec le progrès et les principes de 89. A une société nouvelle, il fallait une religion, nouvelle également, dont la formule était encore à trouver, mais qui semblait devoir tenir le milieu entre un christianisme vague et un déisme attendri.

A cet ordre d'objections, comment Lacordaire s'efforçait-il de répondre? Au lieu de chercher, suivant les procédés ordinaires de l'apologétique, un point commun avec l'adversaire pour l'amener, de déductions en déductions, à des conclusions différentes, au lieu par exemple de prendre comme point de départ de son argumentation l'existence d'un Dieu personnel, qu'aucun esprit philosophique ne mettait en doute, pour de là conclure à la révélation, puis de la révélation au christianisme, et enfin du christianisme à la vérité de la doctrine catholique, il procédait à l'opposé. Il envisageait l'Église (et personne ne pouvait lui contester ces premisses) comme un grand fait historique dont il était nécessaire de chercher l'explication, et c'était de ce fait même, de sa durée, de l'action morale et sociale de l'Église qu'il entendait tirer la preuve de sa légitimité. Il appliquait, en quelque façon, la méthode expérimentale à la recherche de la vérité, et il commençait son apologétique par où ses prédécesseurs généralement la terminaient. L'Église était son point de départ, au lieu d'être son point d'arrivée.

C'est ainsi qu'il avait inauguré ses premières conférences de 1835 en entretenant ses auditeurs de l'Église, de sa constitution et de son rôle social. Il leur démontrait la nécessité d'une autorité enseignante, au milieu des incertitudes et des contradictions de l'esprit humain. Aux variations des philosophies, et à la nouveauté des autres religions qui dataient toujours d'un jour et d'un homme, il opposait cette longue tradition qui se continuait à travers la Bible et l'Évangile, sans interruption depuis l'origine du monde, et qui, à l'appui de cette tradition, pouvait toujours invoquer un témoignage vivant : « Il est partout, ajoutait-il, cet homme que le langage populaire a si bien surnommé le Juif errant. Le prêtre ne peut parler quelque part sans susciter un homme éternel, un Juif, qui se lève pour dire : « C'est vrai : j'y étais ». Mais pour cette Église, qui avait si longtemps vécu de privilèges, il ne réclamait plus qu'une seule chose : la liberté ; la liberté qui était pour elle de droit divin, car ce n'étaient pas les Césars, c'était Jésus-Christ qui avait dit aux apôtres : « Allez et enseignez toutes les nations », et qui leur avait dit aussi : « Crucifiez votre chair avec ses vices et ses concupiscences ». « Par conséquent, continuait-il, nous ne tenons pas notre liberté des Césars ; nous la tenons de Dieu et nous la garderons parce qu'elle vient de lui. Les princes pourront bien se réunir pour combattre les prérogatives de l'Église, les charger de noms flétrissants afin de les rendre odieuses, dire que c'est une puissance exorbitante qui perd les États. Nous les laisserons dire et nous continuerons à prêcher la vérité, à remettre les péchés, à combattre les vices, à communiquer l'esprit de Dieu.... »

C'était par cette fière déclaration qu'il terminait la première année de ses conférences. Dès la seconde, il commençait à exposer la doctrine de l'Église catholique, non pas à en démontrer la vérité par voie d'argumentation, mais à en définir la nature. Il la montrait sous un double aspect, à la fois précise et mystique, donnant sur certains points des solutions formelles et arrêtées, sur d'autres au contraire répondant par le mystère, et cachant la vérité sous le symbole. Pour résumer ce double caractère de la doctrine catholique, il trouvait des accents d'une éloquence un peu pompeuse qui n'en remuaient pas moins profondément ses auditeurs. « La doctrine catholique a donc, disait-il, une double forme, la forme de la science et la forme de la foi. Ce n'est ni une science absolue ni une foi pure et simple : elle voit et elle ne voit pas ; elle démontre et elle se soumet, elle est lumière et ombre, semblable à la nuée miraculeuse qui éclairait les enfants

d'Israël en même temps qu'elle aveuglait leurs
ennemis. Lui demandez-vous des faits? Elle vous
donnera les plus grands faits du monde. Lui demandez-vous des principes? Elle en posera qui rejailli-
ront jusqu'au plus profond de l'entendement, et y
ouvriront de larges routes. Lui demandez-vous des
sentiments? Elle remplira votre cœur épuisé. Lui
demandez-vous le signe de l'antiquité? Elle le possède. La force de la nouveauté? Elle s'est levée plus
matin que vous et vous surprendra par sa jeunesse.
Mais, illuminé, touché, ravi par elle, voulez-vous
arracher le voile qui vous cache une partie de sa
majesté? Elle vous jettera par terre en vous disant :
Adore et tais-toi. »

Lorsqu'après sept ans écoulés, il reprenait ses
conférences, son plan était le même et, avec une
remarquable force d'esprit, durant toute sa carrière
de prédicateur, il n'en dévia jamais d'une ligne.
Il avait entrepris de demander à l'expérience les
preuves de la doctrine catholique. Il continuait en
montrant l'influence de cette doctrine sur l'homme,
et par contre-coup sur la société. Après avoir consacré d'éloquents développements à ce qu'il appelait
les trois vertus réservées : l'humilité, la chasteté, la
charité, qui constituaient à ses yeux la grande preuve
du christianisme, sa preuve populaire, le pain quotidien de sa démonstration, il insistait dans une série
de conférences, à laquelle il ne consacrait pas moins
d'une année, sur les effets de la doctrine catholique au point de vue social, car c'était à la recon-
ciliation de l'Église avec la société qu'il aspirait. Il
montrait l'Église, dans tout le cours de son histoire,

ne pouvant s'accommoder avec le despotisme, mais nécessaire à l'autorité, et protégeant la liberté. Ce retour en arrière était pour lui l'occasion de tracer de la monarchie chrétienne, telle qu'elle avait existé autrefois en France, un tableau un peu idéalisé peut-être ; mais il y avait, de sa part, d'autant plus de courage à mettre ce tableau sous les yeux de ses auditeurs, qu'il risquait de heurter les préjugés dont ils étaient imbus contre la France du moyen âge : « Je n'ai pas été assez lâche, leur disait-il, pour flatter vos passions et vos préjugés, et leur sacrifier quatorze cents ans de l'histoire de la patrie, parce que ces quatorze cents ans ne ressemblent pas aux cinquante années dont vous êtes les fils ». Et il ajoutait : « Maintenant qu'arrivera-t-il ? La monarchie chrétienne se reformera-t-elle ? Sera-ce sous un autre mode que le droit évangélique reprendra son empire dans le monde ? Je l'ignore. Ce que je sais bien c'est que je ne désespère pas de la Providence. Ayant trouvé Dieu dans ce qui m'a précédé, j'espère le trouver dans ce qui me suivra, et, pour me servir d'une expression d'un grand poète allemand : Je suis citoyen des temps à venir. »

Dans cette histoire de l'Église et de l'humanité, telle qu'il l'avait conçue, c'était Dieu en effet qu'il trouvait à chaque pas. Mais avant d'en arriver à cette notion première et fondamentale, il y avait encore à gravir un degré de l'échelle. Ce degré c'était le Christ, le fondateur de l'Église. Toute une série de conférences était consacrée par lui à parler de Jésus, et ces conférences sont peut-être, à un certain point de vue, les plus belles. Ce serait en

effet une grande erreur de considérer Lacordaire
comme un politique, uniquement préoccupé de
trouver entre les prétentions de l'Église et celles de
l'État un accommodement supportable. S'il semblait
autant s'en inquiéter, c'est que ce malentendu entre
l'Église et la société contribuait à écarter les âmes.
et son ardente préoccupation était de les ramener à
Dieu. Il y avait un mystique en lui, et l'on trouve
parfois dans ses sermons des cris d'amour qui sortaient du plus profond de ses entrailles : « Seigneur
Jésus, s'écriait-il, depuis dix ans que je parle de
votre Église à cet auditoire, c'est, au fond, toujours
de vous que j'ai parlé; mais enfin, aujourd'hui, plus
directement j'arrive à vous-même, à cette divine
figure qui est chaque jour l'objet de ma contemplation, à vos pieds sacrés que j'ai baisés tant de fois,
à vos mains aimables qui m'ont si souvent béni, à
votre chef couronné de gloire et d'épines, à cette
vie dont j'ai respiré le parfum dès ma naissance,
que mon adolescence a méconnue, que ma jeunesse
a reconquise, que mon âge mûr adore et annonce à
toute créature. O père! ô maître! ô ami! ô Jésus!
secondez-moi plus que jamais, puisqu'étant plus
proche de vous, il convient qu'on s'en aperçoive, et
que je tire de ma bouche des paroles qui se sentent
de votre admirable voisinage. »

Enfin du fils il passait au père, du Christ à Dieu,
qui était ainsi le point d'arrivée au lieu d'être,
comme dans l'apologétique ordinaire, le point de
départ. Toute une année de conférences était consacrée moins à établir son existence qu'à définir la
nature de son être. En général les conférences de

Lacordaire n'ont pas une grande portée philosophique. Il n'était guère métaphysicien. Par exception, et au dire de bons juges, il n'en serait pas de
même de ses conférences sur Dieu dont quelques
aperçus ne sont pas sans profondeur, et où il
scrute d'une pensée hardie les mystères de l'onto-
logie divine. Mais à ce point d'arrivée il ne s'arrêtait
pas, et il redescendait de Dieu à l'homme. Le commerce nécessaire de l'homme avec la divinité, la
doctrine de la chute et de la réparation, l'économie
du gouvernement divin formaient la conclusion de
cette longue exposition qui dura sept années. Encore
ne l'avait-il pas terminée, lorsqu'après le coup d'État
il renonça, comme nous le verrons, à remonter dans
sa chaire. Les célèbres conférences *Sur la vie* qu'il
prononça en 1854 à Toulouse, se rattachaient encore
à ce plan général et formaient la conclusion logique
de ces longues prémisses, car il y démontrait
l'influence de l'idée religieuse sur la vie intérieure
de l'homme. Il fermait ainsi le cercle et revenait
à son point de départ : il avait commencé en montrant la nécessité sociale de l'Église ; il terminait en
montrant sa nécessité morale.

Ce plan nouveau d'apologétique élargissait singulièrement le cadre de l'ancien sermon. Tout y rentrait. Le fond n'en était plus emprunté seulement
au dogme ou à la morale. Considérations philosophiques, sociales, politiques même, tout y pouvait
trouver place. C'en était l'avantage, car, en parlant
aux hommes de son temps des questions qui les
intéressaient, Lacordaire leur a fait rapprendre le
chemin de l'Église dont beaucoup s'étaient désac-

coutumés, et il a enseigné ce chemin aux générations nouvelles. C'en était le danger, car il n'y a
point de sujets dont l'éloquence de la chaire ainsi
entendue ne puisse s'emparer. Lacordaire y a échappé
parce que, malgré des erreurs de goût, il avait de la
sûreté dans l'esprit. On n'en saurait dire autant de
tous ses imitateurs, et certains écarts de la prédication moderne lui sont peut-être un peu impu-
tables. Mais il lui reste l'honneur de l'avoir tirée des
chemins battus, où elle se traînait depuis un siècle,
et de l'avoir entraînée dans des routes nouvelles.
Grâce à lui, elle est redevenue chose vivante, mêlée
au mouvement des esprits, au lieu d'être figée dans
une immobilité solennelle. Le sermon n'est plus
ce qu'il était au xviie siècle, « une majestueuse
étole de pourpre et de soie », comme le définissait
Taine. Il est devenu un vêtement moins riche
peut-être, mais plus souple, plus populaire, ou du
moins qui s'adapte mieux à toutes les conditions.
Pendant deux siècles, le rêve d'un prédicateur était
demeuré de prêcher devant le roi. Le rêve de Lacordaire eût été de prêcher sur une place publique.
C'est qu'il avait compris le premier où était désormais le roi. Ce roi nouveau a aujourd'hui, même
parmi les prédicateurs, ses courtisans; mais Lacordaire n'a jamais été du nombre; jamais il ne lui a
fait la cour en flattant ses passions ou en empruntant
son langage. Avec lui le sermon n'est plus pourpre
ni soie, mais il ne devient jamais haillons ni ori-
peaux.

Non moins profonde est la transformation qu'il
a apportée dans la prédication au point de vue

purement littéraire. Avant lui, les règles du sermon étaient aussi invariablement fixées que celles de la tragédie classique. Le sermon devait commencer par l'énonciation d'un texte. Ce texte devait être brièvement développé dans l'exorde, qui devait indiquer en même temps les divisions du sermon, ce qu'on appelait les points, et se terminer par une invocation à la sainte Vierge. C'était ce que Fénelon, avec une pointe d'ironie, appelait : la chute à l'*Ave Maria*. Venaient ensuite les points; deux au moins, trois en général, mais souvent subdivisés eux-mêmes, de telle sorte qu'un sermon·finissait par contenir sept ou huit divisions. Puis venait la péroraison, qui généralement rappelait le texte de l'exorde. Tel était le moule rigide, immuable dans lequel, depuis deux siècles, les prédicateurs coulaient leurs sermons. Sur quatre-vingt-deux, il n'y en a pas un qui sorte de ce moule dans le recueil connu sous le nom d'*Instructions choisies des grands prédicateurs*. Sans doute le génie d'un Bossuet, d'un Bourdaloue, d'un Massillon n'avait pas plus été étouffé par ces règles factices que celui d'un Racine ou d'un Corneille par la règle des trois unités. Le génie se tire de tout. Mais, comme la tragédie, le sermon languissait, emprisonné dans une forme étroite et conventionnelle.

Victor Hugo avait brisé le moule de la tragédie; Lacordaire brisa le moule du sermon. Plus de texte, plus d'*Ave Maria*; plus de premier, de second, de troisième point. Un exorde, généralement assez simple, lorsque quelque considération particulière ne le déterminait pas à frapper du premier coup l'imagination de ses auditeurs ; une indication plutôt sommaire du sujet qu'il se proposait de traiter ; et c'était tout. Point de ces divisions factices qui enchaînent la pensée. Point de ces temps d'arrêts qui la contraignent de marcher pas à pas. Au contraire, une grande liberté d'allures, et par-dessus tout un mouvement continu qui entraîne depuis les premiers mots jusqu'à la fin. On est saisi, emporté par le torrent de la parole, et le sens critique qui pourrait trouver tel raisonnement faible, telle métaphore incorrecte, telle expression impropre, demeure subjugué et vaincu. Or le mouvement demeurera toujours la qualité maîtresse de l'orateur.

Cette similitude entre la révolution apportée par Lacordaire dans la chaire et celle apportée par Victor Hugo au théâtre est si frappante qu'on a souvent appelé Lacordaire un romantique de la chaire. Rien de moins exact que cette définition, si par là on entend rattacher Lacordaire à l'école littéraire alors nouvelle, qui nous paraît si vieille aujourd'hui, et l'enrôler dans le bataillon des romantiques. Par certains côtés, il est demeuré au contraire absolument classique. C'est une des singularités de cet esprit qui s'ouvrait si volontiers aux idées de son siècle, et dont le regard était toujours tourné vers l'avenir : la littérature de son temps semble avoir été ignorée de lui. On croirait, et c'était peut-être la vérité, que depuis sa sortie du collège il n'avait lu ni un livre d'histoire ni un volume de poésie. Toute son érudition historique est tirée de Plutarque ou de Cornelius Nepos, et toutes ses citations poétiques de Voltaire, dont le théâtre paraît lui inspirer une admiration vraiment excessive. Il y puise à chaque instant, et les vers qu'il choisit ne sont pas toujours les meilleurs. Un éloge de Chateaubriand, une citation de Lamartine sont les seules concessions qu'il fasse aux modernes. Ses prédilections littéraires étaient demeurées fidèles à l'antiquité, aux classiques, et il est impossible, sous ce rapport, de s'être montré moins romantique que lui.

Si personnel et indépendant qu'on soit, cependant on ne pense et on n'écrit jamais tout à fait en dehors des conditions de son temps. Le romantisme a été défini avec exactitude : *l'invasion du moi dans la littérature.* Sous ce rapport, Lacordaire a bien été un peu romantique. Ce n'est pas qu'il eût le mauvais goût de se mettre lui-même en scène, et de prendre ses auditeurs pour confidents, comme les poètes lyriques prenaient pour confidents leurs lecteurs. Parfois une allusion aux troubles par lesquels il a passé, aux tentations qu'il a pu connaître, allusion que ne se serait certainement pas permise un prédicateur de l'époque classique, et c'est tout. Mais le *moi* humain tient une grande place dans ses sermons, et par là il a renouvelé le fond autant que la forme de la prédication.

Certes, parmi ceux qui ont occupé la chaire chrétienne, il n'est pas le premier qui ait fait preuve d'une merveilleuse connaissance de l'âme. En ce genre, personne n'a poussé peut-être la perspicacité aussi loin que Bourdaloue. Plus d'un romancier, se complaisant à étudier les faiblesses et les déchéances de la nature humaine, pourrait puiser des leçons de psychologie dans ses sermons. C'est au point que le lec-

teur en éprouve un certain malaise, **et** se demande
comment quelqu'un qu'il ne connaît pas peut le connaître si bien. Mais on sent que, chez Bourdaloue,
c'est le directeur qui parle : son expérience est tirée
du confessionnal; son champ d'observation c'est le
péché. Celui de Lacordaire est plus large : c'est la
vie elle-même. De cette génération vibrante et tumul-
tueuse à laquelle il s'adressait, il avait compris les
espérances, les inquiétudes, les mélancolies, les
passions. Sa voix était un écho, et cet écho ren-
voyait à chacun les paroles qu'il s'était adressées à
lui-même dans le secret de son cœur. Qui avait foi
en la liberté était obligé de reconnaître qu'il en parlait aussi fièrement qu'un autre. Qui était triste se
plaisait à lui entendre dire que la mélancolie est la
grande reine des âmes qui sentent vivement. Qui
avait aimé retrouvait, jusque dans la façon dont il
parlait de l'amour de Dieu, quelques palpitations de
l'amour humain : « Pourrons-nous, s'écriait-il, aimer
Dieu, de personne à personne, comme un être vivant
que nous tenons dans nos bras, qui nous parle, qui
nous répond, qui nous dit : Je vous aime. Ah! sans
doute ce mot est trompeur dans la bouche de
l'homme; il est souvent trahi, plus souvent oublié,
mais pourtant il est dit; il est dit sincèrement, il
est dit avec la pensée qu'on ne le retirera jamais.
Il remplit de son immensité un jour de notre existence, et lorsqu'il tombe à terre, comme une fleur
qui s'est fanée, nous, lui trouvons encore quelque
part dans notre cœur un tombeau doux et sacré. »
Il n'y a pas un sentiment humain qui ne trouve
chez Lacordaire son expression éloquente, jusqu'à

celui qui semble devoir être le plus étranger à l'expérience d'un prêtre, le sentiment paternel, dont personne aussi bien que lui n'a dépeint la force, la douceur, et la mélancolie : « Avec les premières ombres de la vieillesse le sentiment de la paternité descend dans notre cœur et y prend possession du vide qu'y ont laissé ses précédentes affections. Ce n'est pas une décadence, gardez-vous de le croire; car, après le regard de Dieu sur le monde, rien n'est plus beau que le regard du vieillard sur l'enfant, regard si pur, si tendre, si désintéressé, et qui marque dans notre vie le point même de la perfection et de la plus haute similitude avec Dieu. Le corps baisse avec l'âge, l'esprit peut-être encore, mais non pas l'âme par laquelle nous aimons. La paternité est autant supérieure à l'amour que l'amour lui-même est supérieur à l'amitié. La paternité consacre la vie. Ce serait l'amour sans tache et plein, si de l'enfant au père il y avait le retour égal de l'ami à l'ami, et de l'épouse à l'époux. Mais il n'en est rien. Quand nous étions enfants, on nous aimait plus que nous n'aimions, et devenus vieux, nous aimons à notre tour plus que nous ne sommes aimés. Il ne faut pas s'en plaindre. Vos enfants reprennent le chemin que vous avez suivi vous-mêmes, le chemin de l'amitié, le chemin de l'amour, traces ardentes qui ne leur permettent pas de récompenser cette passion à cheveux blancs que nous appelons la paternité. C'est l'honneur de l'homme de retrouver dans ses enfants l'ingratitude qu'il eut pour ses pères, et de finir ainsi comme Dieu par un sentiment désintéressé. »

On comprend qu'un pareil langage remuât profondément des auditeurs qui n'étaient pas accoutumés à entendre tomber du haut de la chaire des paroles aussi humaines. Ajoutez à cela que Lacordaire possédait au plus haut degré ces dons extérieurs de l'orateur auxquels les anciens attachaient tant d'importance et qu'ils résumaient en un mot : l'action. C'était d'abord une voix merveilleuse. Un peu faible, et voilée au début, elle s'élevait et se développait peu à peu. Elle devenait pleine et sonore, tout en demeurant mesurée et souple, et se prêtait à toutes les nuances de la pensée, à l'éclat comme à la douceur, à l'ironie comme à la tendresse. Elle vibrait jusque dans les coins les plus reculés des sanctuaires où elle se faisait entendre. Elle allait aux entrailles, et y provoquait ces frissons sacrés que l'accent de l'homme qui se donne tout entier provoque toujours chez l'homme. C'était ensuite le geste, toujours ample et cependant tempéré, qui tantôt accentuait la parole et tantôt la modérait, se pliant comme la voix, par son infinie variété, à toutes les nuances de la pensée, sans aller cependant jusqu'à cette exagération et ce désordre qui fait perdre la majesté, et qui est incompatible avec la dignité de la chaire. Mais le grand secret de son action c'était surtout cette passion, à la fois débordante et contenue, qu'on sentait en lui, cette ardeur de l'homme qui ne poursuit point son succès personnel mais celui de sa cause, et dont l'élan n'est point refréné par les entraves et les artifices de la préparation.

Lacordaire était en effet au plus haut point improvisateur. Ce n'est pas qu'il eût l'outrecuidance intel-

lectuelle, devant entretenir des matières les plus
graves le premier auditoire du monde, de monter
dans la chaire sans avoir préparé son discours.
Mais cette préparation chez lui était toute intérieure
et abstraite. C'était le fruit de ses méditations de la
veille, parfois du matin même, méditations qu'il
entremêlait de prières ardentes, et qui étaient plus
mystiques encore que littéraires. De ces méditations
rien d'écrit ne sortait jamais, sauf un canevas très
court. Une seule fois, à cause de la difficulté du
sujet, il écrivit avant de la prononcer une oraison
funèbre, celle de Mgr de Forbin Janson; ce fut
presque un échec. Le plan seul était déterminé à
l'avance mais seulement dans les grandes lignes,
jamais dans les détails. On s'en aperçoit même parfois, car la marche du discours est un peu indécise.
Quant à la forme, il s'en fiait à l'inspiration du
moment. Sans doute, chez celui qui possède le don
de la parole (et c'est précisément en cela que consiste le don) l'idée abstraite prend naturellement la
forme oratoire, et lorsque la pensée arrive dans son
ordre logique, l'expression sous laquelle elle s'est
traduite à l'esprit arrive en même temps. C'est ainsi
que procédait Lacordaire. Mais souvent aussi il
tirait ses effets les plus puissants de quelque mouvement qu'il avait senti dans l'auditoire et dont il se
faisait l'interprète, ou bien de quelque émotion intérieure qui le remuait lui-même et dont sa parole
transmettait la vibration. C'est ainsi qu'un jour,
après un admirable morceau, un peu préparé peut-
être, sur cet homme dont l'amour garde la tombe
et dont le sépulcre est aimé, sur cet homme dont

après dix-huit siècles la cendre n'est pas refroidie et dont chaque mot vibre encore, qu'une inénarrable passion ressuscite de la mort pour le placer dans la gloire d'un amour qui ne défaille jamais, et qui trouve des apôtres et des martyrs au sein de toutes les générations, il terminait en disant : « Et cet homme c'est vous, ô Jésus, qui avez bien voulu me baptiser, me oindre, me sacrer dans votre amour, et dont le nom seul en ce moment ouvre mes entrailles, et en arrache cet accent qui me trouble moi-même et que je ne me connaissais pas ». Et il s'arrêtait en effet, troublé par son émotion même, plus encore que par celle de son auditoire qui l'interrompait par un long frémissement.

Cette création simultanée de la pensée et de la forme est un des efforts les plus complets qui puisse être exigé de l'esprit. Lorsque cet effort se renouvelle fréquemment, lorsqu'il s'y joint une grande dépense de forces physiques, et surtout, lorsque l'orateur ne fait que communiquer une partie de la flamme dont il est animé, il doit s'user vite à ce jeu sublime. On comprend l'état de prostration où Lacordaire tombait quelquefois, son sermon terminé, et l'on se rend compte à quel degré ce que lui-même appelait les tourments de la parole publique ont dû abréger sa vie.

Cette éloquence n'était cependant pas sans défauts, et ces défauts sont de ceux qui nous choquent le plus aujourd'hui. Notre époque est éprise de vérité et de sobriété, au point de n'avoir pas toujours horreur suffisante de ce qui est grossier et plat. Elle sourit à tout ce qui est enflure, redondance, déclamation. Or l'enflure, la redondance, la déclamation étaient familières aux poètes et aux romanciers du temps où vivait Lacordaire. Il n'est pas sûr que les *Orientales* et *Notre-Dame de Paris*, voire même *Jocelyn* ou *Raphaël*, fussent accueillis avec la même faveur aujourd'hui qu'il y a soixante ans. A ces défauts des romanciers et des poètes, qui semblaient en ces temps des qualités, il serait surprenant que Lacordaire eût complètement échappé. Un peu de rhétorique se mêle parfois à son éloquence. Il avait le goût des métaphores, et s'il en rencontre de belles, il en hasarde parfois d'incohérentes. Il compare la parole sacrée, tantôt « à une épée dont la poignée unique est en Dieu et la double pointe partout », tantôt « à ces cailloux lancés sur la surface des mers, qui de bords en bords et portés par les flots vont atteindre au loin leur but ». Il dira « que les nuages portent le soleil en le cachant » ou encore que « l'onction divine soulève les flots qu'elle devait apaiser ». Il y a aussi du paradoxe dans son argumentation. Il prendra plaisir à insister sur des arguments douteux ou périlleux. C'est ainsi qu'il s'appuiera sur « la répulsion produite dans l'esprit par la doctrine catholique » ou encore « sur la passion des hommes d'État et des hommes de génie contre la doctrine catholique » pour en démontrer la vérité. Ou bien le fil de son raisonnement devient à ce point subtil et ténu qu'il ne peut plus guider, ni à plus forte raison entraîner. En un mot son éloquence est inégale. Souvent elle s'élève sur les sommets; parfois aussi elle tombe dans des trous dont elle ressort brusquement, il est vrai, par de vigoureux coups d'aile. Mais il est rare qu'un de ses sermons laisse une impression complète, et trop souvent le goût ou la logique y souffrent par quelque endroit.

A qui les aurait relues, il y a vingt ans, ces conférences de Lacordaire auraient donc semblé un peu vieillies. A qui les reprendrait aujourd'hui elles présenteraient peut-être un intérêt nouveau. C'est qu'il a soulevé ou pressenti certaines questions qui se posent encore devant nous avec un intérêt poignant. En particulier, le danger du contraste entre le développement de la richesse et la perpétuité de la misère ne lui avait pas échappé. Au moment où la bourgeoisie se reposait avec confiance dans l'apparence de son triomphe, il l'invitait à écouter le cri qui s'élevait de Manchester, de Birmingham, des Flandres, « cri non pas de la pauvreté et de la misère — ce sont des mots et des choses d'autrefois — mais cri du paupérisme, c'est-à-dire de la détresse arrivée à l'état de système et de puissance, et sortant, par une malédiction inattendue, du développement même de la richesse ». Aussi, le surlendemain de la commotion de Février dont il avait lui-même ressenti l'ébranlement, et après l'échec sanglant des tentatives socialistes, avait-il une autorité particulière pour dire à ces mêmes auditeurs, rassemblés de nouveau sous les voûtes de Notre-Dame :

« Le monde est à une heure remarquable de sa destinée. Depuis un siècle il a essayé de fonder toutes les choses humaines sur la nature et la raison ; il s'est cru capable de régner par lui-même, sans l'intervention d'aucune idée mystérieuse, d'aucune puissance indéfinie. Vous avez sous les yeux le résultat de cette grande tentative. La discipline sociale s'est brisée dans vos mains; les ressorts ingénieux où vous comptiez l'assujétir se sont trouvés trop faibles contre les résistances et les agressions. Ce qu'il y avait de généreux dans vos plans de réforme n'a pas eu plus de bonheur que ce qui s'y rencontrait de chimérique, et la justice s'est étonnée de ne pouvoir donner à ses œuvres ni la durée ni la majesté. » Ce que Lacordaire disait alors, ne pourrait-il pas le redire aujourd'hui? Le monde, ou plutôt la France n'a-t-elle pas essayé, n'essaye-t-elle pas encore de fonder toutes les choses humaines sur la nature et la raison? N'avons-nous pas sous les yeux le résultat de cette grande tentative? La discipline sociale ne s'est-elle pas brisée dans nos mains, et ses ressorts ne se sont-ils pas trouvés trop faibles contre les résistances et les agressions? qui oserait dire le contraire, et s'il y a encore hésitation sur le remède, à combien se monte cependant le nombre de ceux qui repousseraient aujourd'hui, de parti pris, celui que conseillait Lacordaire lorsqu'il ajoutait : « Appelons Dieu à notre secours; reconnaissons que nous avons avec lui des rapports plus profonds que ceux de la nature, et qu'y renoncer par faiblesse ou par orgueil, c'est ravir au genre humain, avec ses plus grands devoirs, ses plus hautes vertus et ses plus nécessaires facultés ». La question sociale, disait-on naguère, est une question morale. La formule est saisissante et neuve : mais la pensée est vieille, car elle est de Lacordaire.

CHAPITRE VIII

LACORDAIRE INTIME. — L'AMI ET LE PRÊTRE

« Si c'est vers les âmes que tes affections se portent, aime-les, ô mon âme ! mais aime-les en Dieu.
Ramène avec toi toutes celles que tu pourras
ramener ; tu les entraîneras, parce que l'esprit de
Dieu parlera par ta bouche. » Bien des siècles se
sont écoulés depuis que saint Augustin laissait
échapper ces paroles dans ces *Confessions* brûlantes
où il exhalait devant Dieu ses remords et ses
ardeurs ; et cependant, n'est-ce pas à Lacordaire
qu'elles font penser ? Si, parmi les orateurs sacrés
que notre âge a connus, il en est un qui ait
ramené les âmes, c'est assurément celui dont l'éloquence rassemblait sous les voûtes, si longtemps
désertes, de Notre-Dame, une foule telle que depuis
le moyen âge la vieille basilique n'en avait point
vue. Mais, s'il les a entraînées, ce n'est pas seulement parce que l'esprit de Dieu parlait par sa
bouche, c'est aussi, c'est surtout parce qu'il les a
aimées.

Cet amour du prêtre pour les âmes est le grand secret de l'action qu'il exerce. On peut dire que sa force est en proportion de son amour. Quelle est cependant l'origine de cet amour, d'une espèce si particulière, sur lequel ne s'est point exercée l'observation des psychologues, et qui a échappé aux classifications d'un Stendhal, parce qu'il était incapable même d'en concevoir l'idée? Est-ce un sentiment d'une nature toute spéciale, qui serait chez le prêtre un des fruits surnaturels de la vocation, qui se développerait par le ministère, et qui se confondrait avec les autres devoirs du sacerdoce? Est-ce, en un mot, ce qu'on appelle, dans la langue religieuse, une grâce d'état? N'est-ce pas, au contraire, un sentiment plus pur sans aucun doute, plus noble, plus relevé, mais cependant du même ordre que l'amour humain? Assurément, un vrai prêtre ne reculera pour sauver une âme devant aucune démarche, devant aucun péril; il ira porter les sacrements à un malade dans un hôpital de pestiférés, et l'absolution à un mourant sur le champ de bataille. Cela, c'est le devoir. Mais l'intelligence des besoins d'un cœur, la participation aux souffrances qu'il éprouve, la divination des remèdes dont il a besoin, l'intime association à toutes les luttes qu'il engage, la joie de ses triomphes, la tristesse et presque l'humiliation de ses défaites, cela, c'est autre chose. C'est l'amour, et Lacordaire lui-même l'a écrit : « Il n'y a pas deux amours ; l'amour du ciel et celui de la terre sont le même, excepté que l'amour du ciel est infini ».

Je crois ne rien avancer de profane ni d'irrespectueux, en disant que tous les grands pasteurs d'âmes dont s'honore l'Église catholique n'ont, à leur suite, entraîné tant de cœurs vers Dieu que par leur puissante faculté d'aimer C'est une erreur de croire que les austères obligations du sacerdoce détruisent cette faculté chez le prêtre. Elles ne font que la transformer, en la dégageant des sentiments moins purs qui troublent le commun des hommes; mais peut-être que, par cela même, elles la fortifient et la rendent plus durable, comme l'amputation des branches parasites ajoute à la vigueur du tronc. C'est encore Lacordaire qui va nous dire, en termes pleins de délicatesse, comment cette transformation s'opère :

« Il serait singulier que le christianisme, fondé à la fois sur l'amour de Dieu et des hommes, n'aboutît qu'à la sécheresse de l'âme à l'égard de tout ce qui n'est pas Dieu. Seulement, il y a souvent de la passion dans les amitiés et c'est ce qui les rend dangereuses et dommageables. La passion trouble à la fois les sens et la raison, et, trop souvent même, elle aboutit au mal, au péché. Ce qui ruine l'amour, c'est l'égoïsme, ce n'est pas l'amour de Dieu, et il n'y eut jamais sur la terre d'ardeurs plus durables, plus pures, plus tendres que celles auxquelles les saints livraient leur cœur, à la fois dépouillé et rempli, dépouillé d'eux-mêmes et rempli de Dieu. »

Sans y penser, sans doute, Lacordaire a retracé dans ces lignes l'histoire de sa vie morale. Son cœur dépouillé a été rempli de saintes amitiés; mais avant de le remplir, il avait commencé par le dépouiller. Nous avons vu combien pure et sévère avait été sa jeunesse. Il est superflu d'ajouter que les émotions auxquelles elle avait échappé furent inconnues à

son sacerdoce. « Je suis toujours étonné, écrivait-il
à un jeune homme, de l'empire qu'exerce sur vous la
vue de la beauté extérieure et du peu de force que
vous avez pour fermer les yeux. Je vous plains bien
de votre faiblesse, et je l'admire comme un grand
phénomène dont je n'ai pas le secret. Jamais, depuis
que j'ai connu Jésus-Christ, rien ne m'a paru assez
beau pour le regarder avec concupiscence. C'est si
peu de chose pour une âme qui a vu Dieu une fois
et qui l'a senti. » Mais cette vision de Dieu ne l'em-
pêchait pas de regarder aussi les âmes et de s'attacher à elles. Ceux-là seulement qui en sentaient dans
leur cœur le prix et la beauté étaient, suivant lui,
appelés au sacerdoce qu'il définissait : une immolation de l'homme ajoutée à celle de Dieu. Dans cette
immolation même de tout sentiment égoïste et passionné, il trouvait la sécurité nécessaire pour se
livrer aux attachements que lui rendait nécessaires la tendresse naturelle de son cœur. Nous ne
le connaîtrions qu'à demi, si nous ne marquions la
place que ces attachements ont tenue dans sa vie.
Jeune il a aimé Montalembert; dans un âge plus
avancé, l'abbé Perreyve. Il a aimé également
Mme Swetchine, la comtesse Eudoxie de la Tour-du-
Pin, et une personne moins connue dont le nom
revient cependant parfois dans ses lettres à
Mme Swetchine.

Nous avons déjà vu combien sa liaison avec
Mme Swetchine fut intime. A la comtesse de la
Tour-du-Pin il rendait au moment de sa mort ce
rare témoignage : « elle a été pendant vingt ans une
des forces de ma vie ». La correspondance de Lacor-

daire avec Mme Swetchine et avec Mme de la Tour-
du-Pin a été intégralement publiée. Une bienveillante communication m'a permis de tenir entre mes
mains ses lettres à Mme de V.... Je ferai à cette correspondance de larges emprunts.

La correspondance de Lacordaire avec Mme de
V... s'ouvre par un billet qu'il lui adresse le
18 avril 1836. Elle se termine le 29 octobre 1861
par une lettre qu'il n'avait même plus la force d'écrire
de sa main, et qu'il se bornait à signer. Le 21 novembre suivant il expirait; quatre ans après, elle-même
mourait. Ils étaient à peu près du même âge. Leurs
deux vies se sont donc écoulées côte à côte et le lien
qui les unissait n'a jamais été rompu.

D'où vint entre eux la première attache? Il est
assez difficile de le deviner, car ils étaient nés singulièrement loin l'un de l'autre. Mme de V... appartenait, par sa naissance comme par son mariage, au
monde légitimiste. Son mari, galant homme dont le
nom revient souvent à travers la correspondance,
était un abonné de *la Quotidienne*, et cette divergence
d'opinions donne lieu, dans leurs lettres, à d'assez
fréquentes plaisanteries. Mme de V... ne paraît pas
cependant avoir été aussi vive que son mari sur les
sujets politiques. Autant qu'on peut deviner son caractère à travers les lettres que lui adresse Lacordaire
(car les siennes ont été détruites), c'était moins un
esprit supérieur qu'une âme noble et tendre, pas-
sionnément dévouée à ceux qu'elle aimait, et s'ingé-
niant à les servir avec une délicatesse et une générosité discrètes. On en pourra juger par ce trait.

Lacordaire avait toujours été pauvre. La mort de

sa mère l'avait bien mis en possession d'une rente de douze cents francs, qui constituait tout son avoir, mais le capital de cette rente fondait rapidement entre ses mains imprévoyantes. Les deux ou trois personnes qui étaient au courant de cette situation s'en inquiétaient pour lui. Comment Mme de V... en fut-elle informée? Probablement par Mme Swetchine, qu'elle connaissait également. Elle crut pouvoir y porter remède en prenant l'archevêque de Paris comme intermédiaire d'une proposition généreuse. Lacordaire refusa par une lettre pleine de dignité et de bonne grâce. « Grâce à Dieu, répondit-il, je n'ai besoin de rien, je suis libre et content. Si la Providence m'avait fait défaut par le cours naturel des choses, j'aurais trouvé fort doux qu'elle le rétablît par votre cœur; mais il n'en est pas ainsi. Je conserverai dans mon souvenir le plus intime la marque d'attachement que vous m'avez donnée, et vous prie de me conserver aussi les sentiments dont vous m'avez fait jouir depuis plusieurs années, et dont vous m'avez donné cette marque dernière. »

A partir de ce jour la glace est rompue. Lacordaire ne lui écrit plus : *madame la comtesse*, mais *chère amie*, et l'intimité commence. Aussi est-elle une des premières personnes auxquelles il s'ouvre de son grand dessein : rétablir en France l'Ordre de Saint-Dominique, et commencer par aller à Rome pour en revêtir l'habit. Ce dessein rencontra chez Mme de V... l'opposition la plus nette, et pendant un court séjour qu'il fit chez elle, à la campagne, de vifs débats s'élevèrent entre eux. Ce n'était pas la carrière qu'elle souhaitait pour lui. Elle avait rêvé

la gloire, les hautes fonctions de l'Église, d'abord
un canonicat, puis un évêché, et il allait sacrifier
tout cela à des projets lointains et chimériques.
Lacordaire tint bon. Il était de ces hommes qui
prennent leur parti intérieurement, après des réflexions fortes, et qu'aucune influence ne parvient
ensuite à ébranler. Mais il craignait que cette obstination de sa part n'eût contristé une amitié trop
sensible, et il s'en expliquait avec elle dans une
lettre qu'il lui adressait quelques jours après, déjà
sur le chemin de Rome :

« Me voici déjà bien loin de vous, lui disait-il,
malgré tous vos bons conseils, et lundi prochain je
serai à Rome. Ce n'est pas que je n'aie beaucoup
pensé aux raisons que vous m'avez données et qui,
déjà fortes par elles-mêmes, l'étaient encore par
l'affection désintéressée qui les dictait. Mais vous
concevez qu'il est difficile de déraciner une idée qui
a fait son trou dans notre esprit, et vers l'accomplissement de laquelle une force qui est dans les
choses nous pousse.... Laissez-moi me confier à
Dieu qui m'a tant protégé depuis mon enfance, et
qui m'a donné une amie telle que vous. Je compte
tout à fait sur votre amitié. Ne vous découragez pas
parce que je n'ai pas cédé à votre influence dans
une affaire capitale. Nous n'en aurons pas de semblables et de si impossibles à traiter tous les jours. »

Près de dix-huit mois devaient encore s'écouler
avant que Lacordaire pût mettre son dessein à exé-
cution, et durant ces dix-huit mois, coupés au reste
par un long séjour en France, il ne perd aucune
occasion de familiariser peu à peu Mme de V... avec

son projet. « Il faudra, lui écrit-il, vous habituer à ma grande robe de laine blanche. Nous n'aurons plus que cet hiver-ci pour rire un peu. Ou plutôt, soyez persuadée que, si l'habit ne fait pas le moine, le moine non plus ne perd rien de ce qui est vrai et simple, bon et digne d'envie. Nous serons donc les meilleurs amis du monde et rien ne nous empêchera de nous promener avec votre mari aux Ch... ou à B.... »

Le retour de Lacordaire à Paris suspendit la correspondance qui ne consiste plus qu'en quelques petits billets insignifiants. Mme de V... n'était pas encore réconciliée avec l'idée de la robe blanche. Mais, si opposée qu'elle demeurât aux projets de Lacordaire, sa générosité naturelle ne lui permettait pas de s'en désintéresser complètement. Le pli qu'elle avait tenté de lui faire accepter, en se servant de l'intermédiaire de Mgr de Quélen, était toujours resté entre les mains de ce dernier. Elle eut la pensée que peut-être elle pourrait renouveler son offre avec plus de succès. Elle consulta cependant l'abbé Affre, alors vicaire général. « M. Lacordaire qui a refusé un secours personnel ne refusera point un secours destiné à favoriser son futur établissement », répondit celui-ci. Et quelques jours après Lacordaire la remerciait simplement : « Je n'ai pas besoin de vous dire que je suis heureux de toutes les nouvelles preuves d'attachement que vous m'avez données depuis huit jours. Ce souvenir m'accompagnera toujours, et allégera les peines que Dieu, sans doute, me réserve dans le cours de ma vie. A demain et à toujours. » Et comme il allait quitter Paris quelques jours après, il terminait un dernier billet par ces mots : « Du courage ».

Dans les premiers jours de mai 1839, Lacordaire partait en effet pour la seconde fois, emmenant avec lui deux compagnons de voyage. Tous trois devaient revêtir à Rome l'habit de Saint-Dominique au commencement de juin. A Milan, il s'arrêtait quelques jours, et de là, il écrivait deux longues lettres, l'une à Mme Swetchine, qui a été publiée dans le volume de leur correspondance, l'autre à Mme de V....

« Si je vous avais écrit toutes les fois que ma pensée s'est tournée vers vous, vous auriez déjà reçu bien des lettres de moi », lui disait-il en commençant; et après lui avoir donné quelques détails sur son voyage il continue : « Je vous écris dans un grand moment de douceur parce que je suis ravi de mes deux compagnons de voyage depuis huit jours, et que j'ai emporté de Paris des souvenirs qui m'accompagnent partout. Vous pensez peut-être que ces souvenirs devraient se tourner en regrets, et que ma joie ressemble pas mal à de l'ingratitude. Vous auriez tort; il y a des regrets consolants. Peut-on songer à ce qui est bon, aimable, sincère, sans qu'une certaine joie tombe dans l'âme, même avec des larmes.... Votre pensée me console donc et ne m'attriste pas, malgré l'absence. Je songe que Dieu m'avait préparé en vous une amie véritable et sûre, dans un moment où ma vie devait avoir à supporter une épreuve décisive. Je songe, avec une joie douce, à tout le bien que vous m'avez fait, et que d'anciens amis ne pouvaient pas me faire. Je vois en vous Dieu et vous-même, et par ce mélange vous n'êtes pas tout à fait absente, parce que Dieu n'est absent jamais. Je vous le dis du fond de mon cœur. Je me reporte vers vous avec un sentiment qui est doux, qui est pur, qui est plein. Cela est rare ici-bas, parce que quelque chose manque presque toujours dans les affections, et ce vide entremêlé fait beaucoup souffrir. J'ai bien peu rencontré d'âmes qui ne causent pas de souffrances. Mes amis sont aux vêpres, à la cathédrale. Je vous écris seul, mais ils vont revenir, heureusement pour moi, pour que je ne vous écrive pas avec trop d'attendrissement ce que je voulais vous dire. Dites bien à votre mari que je le regarde comme un ami, malgré la différence de nos âges, et que, quoi que la Providence fasse de moi, les jours que j'ai passés chez lui se représenteront toujours à ma pensée. »

Pendant toute cette année que dura le noviciat de Lacordaire, la correspondance fut très régulière entre Mme de V... et lui, une lettre toutes les trois semaines environ. Dans toutes ces lettres, Lacordaire prend un soin évident de dissiper les préventions et les appréhensions de son amie. « J'espère, lui écrit-il, que l'habit de Saint-Dominique me rendra plus saint, mais non pas moins attaché à votre personne. » Dans une autre lettre, il lui expose en détail les obligations de sa vie monastique, et il cherche à la réconcilier avec les rigueurs de la règle dominicaine. « C'est une vie de chanoine, lui écrit-il. Vous vouliez à toute force que je fusse chanoine; vous voyez que j'ai tout juste accompli vos vœux. »

On sent bien cependant, à travers ces lettres, que Mme de V... demeure rebelle. Une crainte la domine : c'est que l'Ordre de Saint-Dominique n'absorbe Lacordaire et ne le retienne en Italie. Elle n'a qu'une pensée : son retour à Paris. Aussi se trouve-t-elle entraînée à travailler, en quelque sorte malgré elle, au rétablissement de l'Ordre en France. Elle s'occupe de l'achat d'une maison, à Charonne, qui pourrait devenir le siège du premier couvent de l'Ordre. Ce projet ayant échoué, elle voudrait que Lacordaire accepte une chaire à la Sorbonne que M. Cousin aurait été, à ce qu'il paraît, disposé à lui offrir. Il faut que Lacordaire lui explique longuement que, ayant attaqué avec une extrême vivacité le monopole universitaire, il serait peu honorable pour lui de profiter de ce monopole. Elle s'attache alors à une autre idée. L'archevêque de Paris étant à toute extrémité, elle presse Lacordaire de se mettre sur les rangs pour lui succéder. Et le futur Dominicain de lui répondre cette lettre assez verte : « Le vœu que vous formez de me voir parmi les prétendants est, n'en déplaise à votre intelligente amitié, un vœu qui me coûterait bien cher s'il se réalisait. Concevez-vous l'enfer qu'il doit y avoir dans le cœur de tous ces braves gens qui prêchent l'abnégation évangélique, et qui calculent leur vie pour avoir un évêché, ne disant pas un mot, ne faisant pas un geste qui puissent être un obstacle à leur chimère. Le dernier frère convers dominicain est plus heureux cent fois et plus respectable que tout ce monde. Pensez-vous d'ailleurs qu'un évêché convînt à ma nature, et que je serais bien à l'aise sous l'amas de paperasses et de notes administratives qui constituent aujourd'hui la vie d'un évêque? Laissons donc là, je vous prie, les évêchés, et contentons-nous d'assister à la distribution qui s'en fait, avec le sincère désir qu'ils arrivent à de bons prêtres. Ni vous, ni moi, chère amie, ne verrons la nouvelle Église que Dieu prépare à la France. Il lui faudra plus d'un siècle pour se former; mais, à moins que notre patrie ne périsse, elle se formera évitablement. Or, c'est tout que l'avenir, et celui qui ne veut triompher que dans son moment imperceptible est semblable à l'homme qui préférerait manger un pépin que le planter pour faire un arbre à sa postérité. Les amateurs de pépins sont innombrables, depuis l'oiseau-mouche, jusqu'aux curés et autres qui aspirent à la mitre. Ne soyez pas du nombre, je vous en prie, et que l'amitié ne vous fasse rien perdre de la grandeur naturelle de votre esprit. »

Cependant le noviciat de Lacordaire touchait à son terme. Sa prise d'habit allait avoir lieu, et il lui faudrait quitter la Quercia. Où irait-il le lendemain? Après d'assez longues irrésolutions, il écrivit, comme nous l'avons vu, au Maître général des Dominicains une lettre dans laquelle il demandait, en son nom et au nom de son compagnon, la permission de demeurer encore trois ans à Rome, au centre de l'Ordre, pour s'initier à ses traditions. Mais ce n'était pas sans appréhension que Lacordaire communiquait cette lettre à Mme de V.... Il se sentait si loin maintenant, si obscur, si moine! et il redoutait une explosion de son amitié. Au premier moment elle se résigna. Il est donc assez difficile de comprendre ce qui se passa entre eux, quelques mois après, et pourquoi Lacordaire, après avoir laissé sans réponse deux lettres consécutives, finit par lui adresser ces lignes si dures : « La confiance entre difficilement dans le cœur de l'homme et s'en retourne vite. Laissons couler le temps sur ces ruines que vous avez faites. Je bénirai Dieu si jamais il renoue les temps interrompus, et met un baume sur une blessure dont je voudrais guérir. »

La blessure devait cependant guérir plus vite qu'il ne pensait. Une nouvelle lettre où Mme de V... implorait probablement son pardon, lui arriva dans un moment douloureux. Lacordaire s'était pris d'une affection passionnée pour un jeune homme qu'il avait amené de France, et avec lequel il avait pris l'habit. Ce jeune homme était à l'agonie, lorsque Lacordaire reçut la lettre de Mme de V.... Comment avoir le courage de couper de sa propre main les liens d'une affection ancienne, au moment même où la mort tranchait ceux d'une affection nouvelle? Du chevet de son ami mourant, Lacordaire écrivit donc à son amie repentante quelques lignes affectueuses. Mais il ne voulut pas, cependant, rentrer en correspondance régulière sans avoir avec elle une explication sur le malentendu qui les divisait. « Vous me le dites vous-même dans votre lettre du 24, lui écrivait-il : *il n'est pas en moi de m'associer aux grandes idées.* Je ne prends point cette phrase à la lettre ; mais il est de fait que vous ne m'avez jamais paru vous intéresser aux destinées de l'Église, à l'avenir du monde. Vous me faisiez dans votre cœur une vie heureuse, bien accommodée, ornée d'une gloire sans péril ; je vous semblais presque fou et ingrat de repousser un sort si clair. C'est là ce que vous avez appelé constamment *ne pas vous comprendre*. Eh bien! si, je vous comprends; il n'y a rien de si facile que de vous comprendre. Qui ne comprend la joie de l'aisance, d'une vie sûre et modérée, des jouissances de l'amitié? Qui ne comprend que, *humainement parlant*, cela vaut mieux que de ressusciter un Ordre, de vivre dans un cloître, de sacrifier sa vie à mille devoirs obscurs et à mille chances de ruine? Mais jamais homme fort et bien doué s'arrêta-t-il, qu'il eût agi, pour Dieu ou pour soi, dans de telles espérances? Si je vous avais écouté je serais en apparence le plus heureux homme du monde, et en réalité j'aurais à lutter à la fois contre tous les instincts de ma nature, et contre les remords d'une conscience manquant sa voie. J'aurais eu, dites-vous, la gloire de parler et d'écrire, et n'est-ce donc rien? C'est beaucoup quand on a reçu de Dieu cette seule vocation; ce n'est rien à qui en a reçu une autre. Qu'eussiez-vous donc dit si j'avais eu la vocation d'être missionnaire en Chine, et si j'avais quitté Paris, pour le plaisir de m'exposer à mourir de faim ou à avoir la tête tranchée, sans parler du reste? Qu'auriez-vous dit des martyrs de la primitive Église, qui sans doute me valaient bien? Ne voyez-vous pas, chrétienne ou non chrétienne, que les plus grands hommes n'ont jamais choisi la voie aisée? Je vous accuserais bien à mon aise, si je voulais, d'incompréhension. Mais à quoi sert de se renvoyer des accusations? C'est un malheur pour moi de vous savoir rebelle à des desseins auxquels j'ai consacré ma vie; mais ce malheur n'emporte pas pour moi que tout doive être fini et impossible entre vous et moi. J'ai été le premier à penser que la *pauvre amitié* pouvait trouver sa place partout. Vous seule avez paru un instant croire le contraire. C'est là ce qui m'a horriblement blessé.... »

Après cet orage, la relation reprit son cours, mais la *pauvre amitié* continuait à passer par bien des épreuves. Mme de V... ne pouvait mettre un terme à ses inquiétudes. Sans cesse elle se forgeait des chimères. Après un nouveau séjour en France, Lacordaire était revenu à Rome, ramenant avec lui neuf novices. Le couvent de Saint-Clément leur avait été concédé, et, dans la pensée de Lacordaire, ce couvent serait devenu le berceau de la province dominicaine de France. Tout à coup, sans que rien eût pu faire prévoir un coup aussi rude, ordre arriva aux novices de se disperser. Moitié du petit troupeau était envoyé au couvent de Bosco, dans le Piémont, l'autre à la Quercia, et défense était faite à Lacordaire de s'occuper désormais des novices ramenés par lui. Un moins ferme eût plié sous l'orage et renoncé à son entreprise. Lacordaire tint bon, et il demeura seul à Rome, inébranlable dans son dessein et dans sa confiance. Mais Mme de V... était en proie à des transes mortelles. Elle voyait déjà Lacordaire plongé dans les cachots de l'Inquisition, et elle voulait qu'il se dérobât par la fuite aux périls dont elle le voyait environné. Il fallait que Lacordaire la rassurât, d'abord en la raillant doucement, puis en opposant de nouveau à l'idéal de vie douce et paisible qu'elle rêvait pour lui, la vocation du serviteur de Dieu telle qu'il la comprenait :

« Chère amie, lui écrivait-il, vous m'étonnez toujours par le charme de votre esprit et la faiblesse de vos conseils. Vous êtes comme le passager d'un navire qui, au premier vent, demande toujours qu'on pousse à la côte, et ne peut se figurer qu'on arrive plus vite avec la tempête. Soyez donc tranquille une bonne fois. Avant qu'on ne me mette en prison, vous avez bien des choses à voir. Cela pourra venir avec le temps, car Dieu sait à quoi est réservée notre vie; mais les événements qui compromettraient ma liberté l'auraient atteinte sous l'habit séculier comme sous le froc. Non, mon amie, vous me reverrez. Vous me reverrez toutes les fois que je le voudrai, et je le voudrai toutes les fois que les intérêts de l'Église me le permettront. Le sort tranquille que vous me souhaitez est-il fait pour l'homme? Arrange-t-on sa vie à l'ombre ou au soleil, selon son plaisir? Oh que je voudrais vous voir une âme non pas moins aimante, mais sachant, malgré l'affection, encourager aux fortes œuvres! Vous me disiez l'autre jour que les hommes vivent d'idées et les femmes de sentiments. Je n'admets pas cette distinction. Les hommes vivent aussi de sentiments, mais de sentiments quelquefois plus hauts que les vôtres, et c'est ce que vous appelez des idées, parce que ces idées embrassent un ordre plus universel que celui auquel vous vous attachez le plus souvent. Chère amie, on ne fait rien sans l'amour ici-bas, et soyez persuadée que, si nous n'avions que des idées, nous serions les plus impuissants du monde. »

La régularité et la fréquence de cette correspondance devaient cependant diminuer avec le retour de Lacordaire en France, sans cesser jamais complètement. Depuis le moment où il revint à Paris avec l'habit de Saint-Dominique, jusqu'à celui où il s'établit définitivement à Sorèze, Lacordaire ne cessa de mener une vie de *frère pérégrinant*, allant prêcher de ville en ville, à Bordeaux, à Strasbourg, à Nancy, ou bien rendant visite aux diverses maisons de son Ordre, qui se développait rapidement. Par sa générosité inépuisable, Mme de V... fut pour beaucoup dans la rapidité de ce développement, et les Dominicains d'aujourd'hui ne savent peut-être pas tout ce qu'ils doivent à cette bienfaitrice inconnue. Il y eut de sa part une intervention constante, discrète, ignorée de tous et d'autant plus méritoire qu'au début elle avait été plus opposée à l'entreprise. Elle s'était cependant familiarisée avec cette nouvelle existence dont elle s'était exagéré les rigueurs, et la robe de moine avait cessé de lui faire peur. Elle avait même obtenu que Lacordaire se fit peindre par Chassériau en Dominicain. C'est ce portrait qui fut exposé au salon de 1840. Mais, le salon fermé, le portrait partait pour le château de B... où il était suspendu en belle place. Lacordaire en plaisantait : « Je suis ravi de savoir mon portrait si bien placé, dans votre salle à manger, offert à l'admiration de ceux qui viennent vous voir, évêques, curés, gentilshommes. Voilà des conversations pour bien longtemps, et qui sait si un jour, quand vous et moi nous serons morts, je ne deviendrai pas pour votre postérité un vieux parent d'avant la Révolution et tout ce qui peut s'en suivre d'un portrait, quand la Providence le veut. »

Cependant l'affection de Mme de V... demeurait
toujours un peu inquiète et ombrageuse. Si, pendant
ses fréquentes absences, Lacordaire restait trois
semaines ou un mois sans lui écrire, elle se croyait
oubliée, sacrifiée à des intérêts nouveaux. Elle se
plaignait, et Lacordaire se montrait à son tour un
peu froissé de ses plaintes : « Votre lettre du 30 janvier, chère bonne amie, lui écrivait-il de Bordeaux,
m'a causé quelque peine. Il semble que notre amitié
ne vieillit pas avec les années, et qu'elle soit toujours plus sujette au doute qui environne tout ce
qui est nouveau. Parce que je ne vous écris pas
juste au bout de trois semaines, parce que je reçois
ici un bon accueil, voilà que vous m'accusez, dans
votre cœur, de vous oublier, de sacrifier l'ancien au
récent, d'être une feuille qui vole au premier vent
venu. Est-il rien de plus injuste?... J'aurais donc le
droit de récriminer contre vous; mais j'aime mieux
vous certifier de nouveau la réalité de mon attachement, non seulement créé par la reconnaissance,
mais par un goût sincère pour votre cœur, par une
estime très haute de vos facultés, par une sympathie
générale. J'ai d'ailleurs été trop malheureux, en bien
des rencontres, pour oublier jamais ceux qui m'ont
alors aimé. Vous avez été l'une des trois ou quatre
personnes qui m'ont encouragé et sauvé dans des
temps difficiles; plus mon existence se consolidera,
si jamais elle doit se consolider, plus je me rappel-
lerai avec tendresse ceux qui auront contribué, en
me tendant la main dans les mauvais jours, à arriver
enfin à la stabilité. Je manque assurément de bien
des qualités; mais je crois posséder jusqu'à la

superstition la tendresse fidèle, le respect du passé,
la mélancolie des souvenirs. Seulement je ne puis
pas donner autant qu'un autre à la nature, à cause
de tous mes devoirs, et j'avouerai aussi que j'éprouve
une peine à votre occasion, c'est de vous voir rester
si étrangère d'esprit aux œuvres de ma vie. Les
œuvres d'un homme c'est tout son être, toute son
activité, toute son histoire. Elles peuvent être hasar-
deuses ; elles ne doivent qu'inspirer par là plus
d'intérêt. Je souffre donc assurément de voir une
âme avec laquelle je suis aussi intime, se tenir à
l'écart de mes desseins ; j'en souffre, mais comme
d'une anomalie mystérieuse que je respecte, me
plaignant moi-même d'avoir si peu de puissance
pour persuader une personne que j'aime autant. Le
jour où Dieu permettra que ce nuage disparaisse
sera un des plus beaux jours de ma vie ; je le hâte
de tous mes vœux et, demeurât-il toujours, pourtant
je ne douterais point de vous : je croirai toujours à
votre cœur, à votre intelligence, à votre dévouement, auxquels rien n'aura manqué que le don de
me faire un plaisir de plus. »

Cependant ces agitations s'apaisent avec les
années, mais en même temps la correspondance
devient moins active et moins familière. Était-ce
que les sentiments avaient changé ? Non. Mais l'in-
tensité de sa vie et de ses devoirs absorbait de plus
en plus Lacordaire et lui laissait moins de temps
pour l'amitié. Et puis l'expansion est un don de
jeunesse. A mesure qu'il avance dans ce chemin
dont parle Dante, l'homme se renferme davantage
en lui-même, et lorsqu'il en a dépassé le milieu, il

vit d'une vie de plus en plus intérieure et solitaire, jusqu'au jour où, dernier témoin d'un passé disparu, il n'est plus connu et compris que de lui-même. On sait que les dernières années de Lacordaire s'écoulèrent dans une demi-retraite à Sorèze. Autrefois Mme de V... souhaitait pour lui la gloire et la paix. C'était la paix, mais ce n'était plus la gloire. Pendant ce temps, elle-même continuait de vivre à Paris ou à B... de la vie tranquille d'une femme qui n'est plus jeune, et qui se livre tout entière à ses devoirs de famille et de monde. Les préoccupations étaient devenues différentes. On s'en aperçoit au ton des lettres, de plus en plus rares. Le mot de *madame* y revient souvent. Parfois Lacordaire y ajoute celui d'*ancienne amie*. Ainsi s'amortissent avec les années presque tous les sentiments humains. Cependant on retrouve encore parfois dans ces lettres comme un écho affaibli des anciennes tendresses. « Il m'arrive souvent, lui écrit Lacordaire, de regretter le temps où j'allais vous visiter à B.... Vous y reverrai-je jamais? Dieu seul le sait, mais, quoi qu'il arrive, le temps n'efface point les souvenirs que vous m'avez laissés. »

Il devait cependant la revoir à B..., mais dans des circonstances singulièrement tristes. Pour Lacordaire, la mort fut à la fois prématurée et lente à venir : prématurée, car il mourut à cinquante-neuf ans; lente, car la lutte dura longtemps entre le mal qui l'emportait et une constitution originairement robuste, qu'avaient épuisée des fatigues et des austérités peut-être excessives. Lorsque l'illusion ne fut plus permise, l'affection qui n'avait fait que som-

meiller se réveilla, et se traduisit de la part de
Mme de V... par d'ardents témoignages. Il n'est
presque pas une lettre de Lacordaire, durant la dernière année de sa vie, qui ne contienne l'expression
de sa reconnaissance pour quelques marques de
sollicitude et de dévouement. Trop faible pour
écrire, il ne pouvait déjà plus que signer. Deux fois
Mme de V... fit pour le voir le voyage de Sorèze.
Enfin elle obtint qu'après une saison d'eaux infruc-
tueuse, Lacordaire vînt passer quinze jours à B....
Vingt-deux ans s'étaient écoulés depuis que Lacordaire, encore jeune prêtre, avait fait son premier
séjour dans ce même lieu, avant de partir pour
Rome, et que, inébranlable en son dessein de revêtir
l'habit de Saint-Dominique, il avait repoussé avec
fermeté les objections d'une amitié désespérée. Bien
des événements s'étaient succédé depuis lors; bien
des changements étaient survenus en eux et autour
d'eux; mais leurs deux cœurs étaient demeurés
les mêmes, et pendant que sous ces ombrages,
dont Lacordaire parle si souvent dans ses lettres,
Mme de V... accompagnait ses pas défaillants, il
put sentir, au plus profond de son cœur, combien
il avait eu raison de dire dans sa *Vie de Marie-
Madeleine :* « Il faut avoir vécu pour être sûr d'être
aimé ».

Témoin de son extrême difficulté à marcher,
Mme de V... lui envoya une voiture, dès qu'il fut de
retour à Sorèze. Lacordaire l'en remerciait : « Je
me suis servi hier, pour la première fois, du coupé
qui a beaucoup plus tardé à venir que vous ne pen-
siez. Il est très doux et de couleur sérieuse. Néan-

moins je suis très confus de monter en cet équipage
et de voir tout ce que vous avez fait. Si je guéris,
vous aurez bien certainement contribué pour une
très grande part à ma santé, en même temps qu'à
ma consolation. Mais Dieu seul sait ce qui arrivera,
et la faiblesse, s'il est possible, augmente tous les
jours. » Le sentant perdu, elle voulait venir à
Sorèze le voir une dernière fois. Il fallut qu'il l'en
détournât. « La conversation me fatigue beaucoup et
je souffrirais de ne pouvoir vous faire bon accueil.
Vous m'obligerez d'abandonner ce projet d'où il ne
pourrait sortir pour moi aucune consolation, mais un
embarras de cœur et d'esprit, et une fatigue physique. » La dernière lettre est pour empêcher
Mme de V... d'envoyer de Paris à Sorèze le docteur
Rayer, alors célèbre. Quelques jours après arrivait
une première dépêche expédiée par un serviteur
fidèle : « Le Père Lacordaire administré, très mal ».
Puis le lendemain une seconde : « Le Père Lacordaire est mort ». Ces dépêches, encore dans leurs
enveloppes, ont été enfermées, par Mme de V...
elle-même, dans un coffret de bois qui contenait
toutes les lettres du Père. Depuis sa mort, qui
survint quatre ans après, ces lettres n'en étaient
jamais sorties. Je suis le seul auquel on ait bien
voulu les confier. Lorsque j'ai ouvert ce coffret, il
m'a semblé qu'il s'en exhalait comme un délicat
parfum, et ma main n'a pas remué sans une respectueuse émotion ces reliques de deux âmes qui se
sont aimées.

Je viens de montrer ce que fut Lacordaire comme
ami. Je voudrais dire aussi ce qu'il fut comme prêtre ;

je n'ajouterai pas : et comme moine. Je ne saurais, en effet, prendre sur moi de résoudre la question que s'est posée le Père Chocarne, lorsqu'après avoir révélé le secret, inconnu de tous, des pénitences incroyables que Lacordaire s'imposait, il s'est demandé s'il avait eu tort ou raison de soulever le voile qui cachait les mystères de sa vie monastique. Certaines âmes, en effet, ont pu être édifiées d'apprendre que ce prédicateur populaire, ce membre de l'Académie française, avait, en plein XIX° siècle, renouvelé, dans l'intimité de sa cellule, ces macérations dont le récit étonne et laisse presque incrédule, lorsqu'on les rencontre dans la vie des saints de la primitive Église. Mais d'autres âmes, trop faibles peut-être, se sont demandé si la sévérité de la règle de Saint-Dominique n'aurait pu en elle-même lui sembler suffisante, et s'il n'aurait pas mieux servi la grande cause à laquelle il avait voué sa vie en conservant pour elle ses forces, plutôt qu'en épuisant son corps et en abrégeant assurément ses jours. Ce sont là questions trop hautes pour être traitées par un profane, et comme tel je m'abstiendrai de le faire. A ceux-là seulement que les récits, un peu trop détaillés peut-être, du Père Chocarne ont fait sourire ou s'indigner, je me bornerai à dire qu'avant de s'indigner ou de sourire il faut comprendre, et qu'il est certains états d'âme dont il faut avoir le secret avant de les juger. En 1845, Lacordaire avait été prêcher le Carême à Lyon. Dans cette ville, où les ardeurs religieuses se sont toujours montrées si vives, le succès dépassa tous ceux qu'il avait obtenus auparavant. C'était du

délire. Un soir que son sermon avait excité particulièrement l'enthousiasme, on l'attendait à dîner. Il ne
venait pas. Quelqu'un alla le chercher. Il le trouva
pâle et en larmes au pied d'un crucifix. « Qu'avez-
vous, mon Père ? lui dit-il. — J'ai peur ! — Peur de
quoi ? — De ce succès. » Lorsqu'une âme en est
arrivée à ce degré de scrupule, il ne faut pas
s'étonner si elle cherche à corriger par la pénitence
des mouvements intérieurs qui nous paraissent des
faiblesses pardonnables, et la pénitence, surtout
lorsqu'elle est ignorée, silencieuse, enfouie, mérite
toujours le respect.

Celui qui était si dur envers lui-même était doux
envers les autres. Il savait garder envers les âmes
faibles les ménagements dont elles avaient besoin, et
les conduire par des chemins qui ne fussent point
trop âpres. Ce n'est pas cependant que la direction
proprement dite ait tenu la place principale dans la
vie de Lacordaire. Sa vie, toujours militante et
longtemps errante, ne lui permettait pas de l'exercer
sous sa forme la plus habituelle, celle des entretiens
et de la confession. Mais ceux qui l'ont poursuivi
d'une constante malveillance ont singulièrement
exagéré les choses en disant qu'il n'a jamais con-
verti personne. Beaucoup d'âmes se sont au contraire adressées à lui, et il a goûté dans leur commerce la meilleure récompense d'une vie consacrée
aux rudes travaux de l'apostolat.

Pour conserver son action sur ceux et celles qui
s'adressaient à lui il avait surtout recours à la correspondance. Aussi la correspondance tenait-elle
une grande place dans sa vie. Tous les jours, il y

consacrait plusieurs heures. Chose qu'on aurait quelque peine à croire, si ceux qui ont vécu avec lui n'étaient d'accord pour l'affirmer, il était très méthodique dans ses habitudes. Non seulement sa chambre ou sa cellule, mais sa table même étaient toujours très bien rangées. Papier, plumes, crayons, canif, étaient disposés toujours à la même place. Il s'asseyait devant cette table à une heure, toujours la même, et il commençait à écrire avec rapidité, d'une petite écriture fine, serrée, sans ratures, un grand nombre de lettres qu'on trouvait ensuite disposées en pile sur un coin, toujours le même, de son bureau. Avec la même régularité, lorsqu'il était à Paris, il se rendait au confessionnal à certains jours et à certaines heures fixées. Il attendait dans la sacristie que l'heure sonnât, et, au premier coup de l'horloge, on le voyait ouvrir la porte et apparaître avec la régularité d'un automate, ce qui amenait quelquefois un sourire sur les lèvres de ses pénitents et pénitentes. La direction a donc occupé, dans la vie de Lacordaire, une place plus grande qu'on ne l'a dit, surtout dans la seconde moitié de sa vie. Nous ne possédons cependant de lui qu'une seule correspondance spirituelle, ce sont ses lettres à la baronne de Prailly.

Ces lettres ont été publiées vingt-trois ans après la mort de Lacordaire, quatre ans seulement après la mort de Mme de Prailly, mais par un acte exprès de sa volonté, comme un témoignage de reconnaissance envers celui qu'elle appelait *son premier et son seul vrai père*. Ce fut le hasard d'une rencontre avec Lacordaire, coïncidant avec une grave maladie, qui la détermina à se confier à lui. Dès le début de leurs relations il lui écrivait : « Quiconque arrive à connaître Dieu et à l'aimer, n'a rien à désirer, rien à regretter. Il a reçu le don suprême qui doit faire oublier tout le reste », et ce court fragment suffit à résumer l'esprit qui inspirait sa direction. C'est l'amour de Dieu, c'est ce don suprême qu'il s'efforce de communiquer à une âme encore mondaine; mais pour y parvenir il s'applique à développer ses facultés et à élever son esprit, tout en dilatant son cœur. Il la conduit tout droit à Jésus-Christ, par les voies directes et larges, sans l'attarder aux petites pratiques. Lorsqu'il reçoit ses premières confidences, il la trouve en proie à des peines intérieures où il voit la marque d'une nature ardente et noble. « Les âmes faibles et peu élevées, lui écrit-il, trouvent ici-bas un élément qui suffit à leur intelligence, et qui rassasie leur amour. Elles ne découvrent pas le vide des choses visibles, parce qu'elles sont incapables de les sonder fort avant. Mais une âme que Dieu, dans la création qu'il en a faite, a rapproché davantage de l'infini, sent de bonne heure la limite étroite qui la resserre. Elle a des tristesses inconnues sur la cause desquelles longtemps elle se méprend; elle croit volontiers qu'un certain concours de circonstances a troublé sa vie, tandis que son trouble vient de plus haut. Il est remarquable, dans la vie des saints, que presque tous ont senti cette mélancolie dont les anciens disaient qu'il n'y a pas de génie sans elle. En effet la mélancolie est inséparable de tout esprit qui va loin et de tout cœur qui est profond. Ce n'est

pas à dire qu'il faille s'y complaire, car c'est une
maladie qui énerve quand on ne la secoue pas, et
elle n'a que deux remèdes, la mort ou Dieu. »

Aussi, la première chose dont il s'occupe pour guérir cette mélancolie, c'est de régler et de remplir la vie
de celle qui s'est confiée à lui. Il se réjouit de ce qu'elle
n'ait pas attendu le déclin de l'âge pour renoncer au
monde et à ses frivolités superbes, et de ce qu'elle
apporte à Dieu une âme encore jeune, encore susceptible d'illusions et non pas vidée et défaite. Mais
cette âme, il veut la nourrir. L'ignorance est un grand
ennemi. Que croire quand on ne sait pas? Qu'aimer
quand on n'a pas vu? Les lectures de chaque jour
alimentent l'esprit et le dégoûtent des choses vaines.
Il ne veut point cependant de lectures frivoles ou
mièvres. Il faut aller aux grandes choses. Quand on
peut lire Homère, Plutarque, Cicéron, Platon, David,
saint Paul, saint Augustin, sainte Thérèse, Bossuet,
Pascal et d'autres semblables, on est bien coupable
de perdre son temps dans les niaiseries d'un salon.

Cette vie des salons, cette vie frivole et facile à
laquelle Mme de Prailly était accoutumée par son
éducation lui paraît d'abord le grand ennemi. « Si
une goutte de la foi des saints tombait en vous, lui
écrit-il, vous n'auriez pas assez de larmes pour
vous pleurer, pour pleurer votre vie lâche, molle,
insignifiante, si pleine d'orgueil et de la satisfaction
des sens. » Sous l'influence de Lacordaire, elle se
détache peu à peu de cette vie. Sa santé, toujours
chancelante, l'aide à se séparer du monde. Elle passe
de longs mois dans le Midi, dans la solitude de sa
villa de Costebelle. Mais alors une autre inquiétude

s'empare de celui qui la dirige, c'est qu'elle n'en arrive à se trop détacher de la vie elle-même, et qu'elle ne tombe dans une sorte d'indifférence. « Lorsque l'âme est arrivée à un certain degré d'élévation vers Dieu, lui écrit-il, elle méprise facilement la vie, et c'est alors que Dieu l'y rattache par l'idée du devoir. La vie est un office important, quoique bien souvent nous n'en voyions pas l'utilité. Simples gouttes d'eau, nous nous demandons en quoi l'océan a besoin de nous : l'océan pourrait nous répondre qu'il n'est composé que de gouttes d'eau. Ne haïssez donc pas la vie tout en vous en détachant. »

Après avoir ainsi arraché cette âme à la vie du monde, et l'avoir rattachée à la vie du devoir, Lacordaire s'efforce ensuite de lui procurer la paix. Il avait évidemment affaire à une nature ardente, inquiète, jamais satisfaite d'elle-même, soupirant toujours après un état où elle ne se trouvait pas. C'est avec douceur qu'il la reprend. « Il faut éviter de vous laisser aller à la tristesse et à l'abattement. Rien n'est plus nuisible à la santé du corps et de l'âme. Saint Paul dit que la joie et la paix sont les fruits de l'esprit de Dieu. Il y a en lui une plénitude qui chasse la mélancolie comme le soleil levant chasse les ombres. Arrivez donc à la joie. C'est le grand signe de Dieu. Je vous le souhaite de tout mon cœur en partant. Vous êtes encore trop humaine et pas assez divine. C'est le reproche après le vœu. »

Je ne voudrais pas multiplier indéfiniment ces citations. Les correspondances spirituelles sont toujours un peu monotones, et tout le monde n'a pas le goût de cette littérature spéciale. Ce qui relève cependant l'intérêt de ces lettres de Lacordaire à Mme de Prailly, c'est qu'il n'y apparaît pas seulement dans son rôle de directeur, tantôt consolant et tantôt réprimandant. Avec la parfaite simplicité qui était en lui, il s'y laisse encore apercevoir tel qu'il était, avec ses alternatives d'ardeur et d'abattement, sujet lui-même à la tristesse, au découragement, aux défaillances intérieures. Parfois, comparant avec une humilité touchante son état d'âme à celui de sa pénitente, il s'en faut de peu qu'il ne se mette au-dessous d'elle : « Je suis bien aise que vous vous sentiez arrivée à la paix. C'est le grand signe et le grand bien. Je ne sais si je le possède, et si je l'ai jamais eu. Des troubles, des tristesses montent souvent dans mon âme, car j'ai vu et j'apprends sans cesse des choses tristes. Mais il est vrai qu'une certaine force me ramène au repos en Dieu. Il faut que l'âme, à la fin de sa carrière mortelle, tombe de ce monde comme un fruit mûr. C'est là sans doute à quoi Dieu tend par toutes les misères qu'il nous envoie. Mais la souffrance ne détache pas toujours, et ne donne pas toujours la paix. Heureux ceux qui ne souffrent pas en vain ! »

Tel nous apparaît Lacordaire, comme ami et comme prêtre, dans l'intimité de sa correspondance. Mme Swetchine avait raison de dire : « On ne le connaîtra que par ses lettres. » Je voudrais que de ces lettres, aujourd'hui éparses dans neuf volumes différents, et qui n'ont pas toutes le même intérêt, il fût fait un choix sobre et judicieux. Ce choix en rendrait la lecture plus facile, et sa mémoire y gagne-

rait. Si profonde a été, en effet, depuis un demi-
siècle, la transformation de nos goûts littéraires,
qu'à quelques personnes, d'un goût sévère, son éloquence semble aujourd'hui un peu démodée. Mais
l'homme est encore vivant dans ces lettres, à la fois
éloquentes et simples, écrites au courant de la plume,
sans l'ombre d'une recherche de pensée et de style.
« Plus j'aime quelqu'un, écrivait-il à Mme de Prailly,
plus je suis simple dans mes relations avec lui, soit
que je parle, soit que j'écrive, sauf les occasions
naturelles qui obligent à s'élever davantage. J'écris
vite et sans art, et j'ai un invincible éloignement
pour le style quand il ne vient pas tout seul, par la
nature même du sujet. Croyez donc que je vous
montre mon âme quand je vous dis ce que je pense,
et ne m'en demandez pas davantage. » C'est bien,
en effet, l'âme de Lacordaire qu'on retrouve dans
ses lettres, et cette âme fut une des plus nobles, une
des plus ouvertes à tous les sentiments délicats,
fiers, généreux qui aient palpité dans la poitrine
d'un homme. Or Vauvenargues l'a dit, mais Lacordaire aimait à le répéter : « Tôt ou tard on ne jouit
que des âmes ».

CHAPITRE IX

LA RÉPUBLIQUE ET L'EMPIRE. — DERNIÈRES ANNÉES

Pendant toute la durée du gouvernement de Juillet,
Lacordaire ne fit point à tout prendre mauvais
ménage avec les pouvoirs publics. Sans doute,
lorsqu'il avait entrepris de rétablir en France
l'Ordre des Frères Prêcheurs, il s'était heurté à
certaines mesquineries qui étaient dans l'esprit du
temps, mais il avait fini par en triompher. Il avait
même trouvé chez quelques hommes politiques, entre
autres chez M. Guizot, une grande bienveillance.
Aussi, tout en réservant soigneusement son indépendance, n'avait-il point poussé l'opposition aussi
loin que certains catholiques. Il n'avait pas désap-
prouvé la transaction qui, à la suite de la célèbre
campagne entreprise par M. Thiers contre les Jésuites, était intervenue entre la cour de Rome et le
gouvernement du Roi. Les Jésuites lui avaient paru
un peu compromettants, et le gouvernement assez
sage. D'ailleurs, il ne croyait pas qu'un autre régime

que la monarchie constitutionnelle fût possible en France. « Je crois, avait-il écrit à Lamennais au moment de leur séparation, que, durant ma vie et même bien au delà, la République ne pourra s'établir en France, ni dans aucun autre lieu de l'Europe. » Aussi, n'avait-il aucune attache avec le parti républicain, que dans sa *Lettre sur le Saint-Siège* publiée en 1836 il jugeait même avec une sévérité excessive. « On pourrait dire qu'il n'existe pas en France d'autres partis que le parti de la monarchie régnante et celui de la monarchie prétendante, si l'on ne découvrait, à fond de cale de la société, je ne sais quelle faction qui se croit républicaine, et dont on n'a le courage de dire du mal que parce qu'elle a des chances de vous couper la tête dans l'intervalle de deux monarchies.... » Il ajoutait même, après avoir montré que la France devait son unité morale à la monarchie, qu'en politique « la France ne peut être qu'une monarchie ou un chaos, parce qu'il n'existe pas de milieu réel entre la soumission commune à un seul chef et l'indépendance radicale de tous les citoyens ».

Il est donc assez difficile de s'expliquer l'enthousiasme soudain qu'inspirèrent à Lacordaire les événements de 1848. On a parlé parfois du coup de soleil de Juillet. Il semble qu'il ait eu son coup de soleil de Février, et cependant, c'était un bien pâle soleil. Pour comprendre les sentiments auxquels il obéit alors, il faut se rappeler certains incidents qui signalèrent l'établissement de la seconde République en France. De même qu'au lendemain des événements qui amenèrent la chute de la Restau-

ration, le clergé catholique avait eu à souffrir de
son alliance trop étroite avec un régime devenu
impopulaire, de même il bénéficia de l'hostilité
sourde, mais constante, qu'il avait témoignée au
régime de Juillet. Dans plus d'une localité, les curés
se jetèrent avec ardeur dans le mouvement républicain, et on devait les voir bientôt bénissant les
arbres de la liberté. Mais de tous ces incidents il y
en eut un qui dut surtout frapper Lacordaire, et qui
a été maintes fois raconté. Lors du sac des Tuile-
ries, quelques-uns des insurgés qui avaient pénétré
dans la chapelle de la reine Marie-Amélie s'em-
parèrent d'un crucifix qui s'y trouvait. Au lieu
de se l'approprier, ainsi qu'ils firent de maints
objets appartenant à la famille royale, ils le portè-
rent solennellement à l'église Saint-Roch, et sur le
passage de cette procession singulière plus d'un
front se découvrit respectueusement. Cette manifes-
tation inattendue ne put manquer de frapper vivement une imagination aussi impressionnable que
celle de Lacordaire, et elle contribua sans doute à
faire naître chez lui cette illusion qu'il allait voir se
réaliser le rêve de sa jeunesse, l'alliance de l'Église
et de l'État dans la liberté, ou plutôt l'État acceptant librement la direction morale de l'Église. N'ou-
blions pas, en effet, que si l'engrènement (suivant
son expression) était à ses yeux intolérable et
odieux, la séparation ne lui semblait qu'un remède
sublime, et que l'idéal demeurait la supériorité de
la société spirituelle sur la société matérielle. « Ce
système, ajoutait-il dans une lettre à M. Foisset
que j'ai déjà citée, est tellement modérateur du

peuple et du pouvoir qu'une nation vraiment chrétienne n'en a jamais compris d'autre et qu'elle s'y
jette d'elle-même sans y penser. » Mais ce système
ne lui paraissait applicable que le jour où rois et
peuples le demanderaient à deux genoux. Ce jour
était-il arrivé? L'Église allait-elle gouverner les
peuples comme, au moyen âge, elle avait régi les
rois? Allait-elle, dans une république catholique,
jouer ce beau rôle de modératrice de la liberté?
Lacordaire le crut, et cette espérance peut seule
expliquer l'impétuosité avec laquelle il se jeta au
plus fort de la mêlée.

Dès le lendemain même de la catastrophe, il donna
un gage éclatant de son adhésion au nouveau régime.
Pour la première fois, il devait prêcher, à Paris, la
station du Carême, ses conférences ayant eu lieu
jusque-là pendant l'Avent. Il avança spontanément,
d'accord avec l'archevêque Mgr Affre, l'ouverture
de la station, qu'il fixa au dimanche de la Septua-
gésime, c'est-à-dire précisément au 27 février. Au
jour dit, alors que les barricades dont Paris s'était
couvert demeuraient encore debout, Lacordaire
monta dans la chaire. L'affluence était prodigieuse.
On pensait bien que quelque allusion aux événements de la veille s'échapperait de la bouche de
l'orateur; aussi l'auditoire était-il attentif et vibrant.
L'attente ne fut pas trompée. Il débuta en remer-
ciant l'archevêque de l'exemple qu'il avait donné
à tous dans ces jours de grande et mémorable
émotion. « Vous nous avez appelés, dit-il, dans
cette métropole, le lendemain d'une révolution où
tout semblait avoir péri; nous sommes venus;

nous voici tranquilles sous ces voûtes séculaires ;
nous apprendrons d'elles à ne rien craindre pour la
religion et pour la France ; toutes les deux poursui-
vront leur carrière sous la main de Dieu qui les pro-
tège ; toutes les deux vous rendent grâces d'avoir
cru à leur indissoluble alliance, et d'avoir discerné
des choses qui passent celles qui demeurent et
s'affermissent par la mobilité même des événements. » Puis il entra dans son sujet, qui était l'existence de Dieu, et après avoir montré l'universalité
de la croyance en Dieu, après avoir montré Dieu
populaire, il s'écriait : « Grâce à Dieu, nous croyons
en Dieu, et si je doutais de votre foi, vous vous
lèveriez pour me repousser du milieu de vous ; les
portes de cette église métropolitaine s'ouvriraient
d'elles-mêmes sur moi ; et le peuple n'aurait besoin
que d'un regard pour me confondre, lui qui tout à
l'heure, au milieu même de l'enivrement de sa force,
après avoir renversé plusieurs générations de rois,
portait dans ses mains soumises, et comme associée
à son triomphe, l'image du Fils de Dieu fait homme. »
Ces paroles provoquèrent des applaudissements que
Lacordaire dut même réprimer. Mais elles eurent au
dehors un retentissement immense. On y vit une
consécration donnée par l'Église à la révolution et,
pendant quelque temps, Lacordaire, comme Dieu,
fut populaire.

Si, dans l'attitude qu'il avait cru devoir prendre,
Lacordaire avait eu besoin d'encouragements, il les
aurait trouvés dans celle des hauts dignitaires de
l'Église. Ce n'était pas seulement Mgr Affre qui
louait le peuple de Paris de la modération qu'il avait

montrée dans la victoire; c'était un grand nombre de ses collègues de l'épiscopat qui, dans leurs mandements, semblaient, sinon se réjouir, du moins se consoler facilement de la chute d'un régime auquel beaucoup devaient leur élévation. C'était le Nonce qui exprimait au Ministre des affaires étrangères la vive et profonde satisfaction que lui inspirait le respect que le peuple de Paris avait témoigné à la religion. C'était enfin le Saint-Père lui-même qui, dans une lettre adressée à M. de Montalembert, se félicitait de ce que, dans ce grand changement, aucune injure n'avait été faite à la religion, ni à ses ministres, et se complaisait dans la pensée que cette modération était due en partie à l'éloquence des orateurs catholiques « qui avaient rendu son nom cher à ce peuple généreux ». Il n'en fallait pas tant pour que Lacordaire se jetât au plus fort de la mêlée avec la généreuse impétuosité qui était dans sa nature. Aussi ne négligea-t-il rien pour réaliser l'espoir qu'il avait conçu de placer les catholiques à la tête du mouvement républicain, et de conférer à l'Église le gouvernement de la démocratie.

Le premier moyen à employer, c'était l'action par la voie de la presse. Il se réunit dans cette pensée avec deux hommes dont l'un était pour lui un ami, et dont l'autre occupait déjà par sa science une situation considérable dans l'Église, Ozanam et l'abbé Maret. « Nous sommes démocrates, avait écrit l'abbé Maret dans une note qui servit comme de protocole à leur entente, c'est-à-dire que nous croyons que l'ère du gouvernement des peuples par eux-mêmes est arrivée. Par conséquent l'extension

des droits politiques et des libertés générales nous
paraît dans la nécessité des temps et conforme
aux besoins de la civilisation. » Cette entente avait
pour résultat l'ouverture d'une souscription qui, dès
le premier jour, rassemblait onze mille francs entre
les mains de Lacordaire, et la publication d'un
journal, *l'Ère nouvelle*, dont le premier numéro
paraissait le 5 avril. Le numéro débutait par un
long prospectus où, à côté de la signature de Lacordaire, de l'abbé Maret et d'Ozanam se trouvaient
celles de MM. de Coux et de Sainte-Foi, anciens
rédacteurs de *l'Avenir*. S'il n'y avait manqué celle
de Lamennais, qui avait versé en pleine démagogie,
et celle de Montalembert qui était en pleine réaction, on aurait pu croire que c'était la même campagne qui recommençait. Lacordaire avait accepté
la situation de directeur du journal. Il n'y écrivit
au reste que rarement. Quelque talent de journaliste
qu'il eût autrefois montré dans les polémiques de
l'Avenir, un autre moyen d'action convenait mieux
encore à son tempérament : c'était la parole. Il avait
parlé jusque-là devant un public muet. Sans doute,
même du haut de la chaire, il avait senti plus d'une
fois s'établir, entre ses auditeurs et lui, ces communications en quelque sorte magnétiques qui révèlent
au véritable orateur l'état d'esprit de ceux qui l'écou-
tent, et qui l'encouragent ou l'avertissent. Mais
parler devant un public vibrant et animé, qui, traduisant ses impressions par des manifestations exté-
rieures, peut librement applaudir ou interrompre,
qui vous suit ou vous résiste, qui vous échappe ou
qu'on ramène, quel rêve pour un homme dont la

faculté maîtresse est le don de la parole et qui demeure, comme Lacordaire, orateur même en écrivant! Il n'est pas étonnant que ce rêve l'ait tenté.

Ce serait toutefois calomnier cette noble nature que de croire qu'il ait obéi à un sentiment personnel en se présentant comme candidat à l'Assemblée nationale. Il sentait bien que, dans les temps de trouble et de liberté, toute action qu'on s'efforce d'exercer en dehors des assemblées est nulle, à moins que ce ne soit une action révolutionnaire. Il accepta donc, s'il ne sollicita pas, d'être porté comme candidat à l'Assemblée nationale sur la liste de plusieurs départements. Figurant en particulier sur la liste de Paris, il lui fallut aller défendre sa candidature dans les réunions publiques. Il y alla non sans répugnance, mais par point d'honneur, pour donner l'exemple du courage. « Avant tout, avait-il dit, il faut combattre la peur. »

Les réunions électorales n'étaient point entrées dans nos mœurs comme elles le sont aujourd'hui, et la présence d'un moine devait encore ajouter à la curiosité. Aussi l'affluence fut-elle grande aux deux réunions où il se rendit. Les journaux nous ont conservé le récit de celle qui eut lieu à la Sorbonne. Lacordaire y fut tout le temps sur la sellette. Le citoyen Guillemin lui demanda quelle était son opinion à l'égard de la juridiction directe et surtout indirecte du pape, en matière temporelle. Lacordaire répondit qu'à ses yeux le souverain pontife n'avait pas, comme pape, le droit de déposer des souverains ou des chefs de magistrature quelconque, et pas davantage celui de donner une

constitution à la France, ni de régler ce que l'inter-
pellateur appelait le temporel. Le citoyen Barnabé
lui demanda ce qu'il pensait du dernier discours de
Montalembert sur les événements du Sonderbund,
« discours qui était tout entier une longue satire
envenimée contre nos pères de 1793 ». « Je ne me
reconnais aucun père de 1793, répondit courageusement Lacordaire. Je connais en 1789 des hommes
qui ont voulu la destruction d'un grand nombre
d'abus, qui ont combattu pour cette destruction. Ces
hommes persévérants dans leurs volontés, dans leurs
luttes, voilà ceux que j'appelle mes pères. »

Enfin le citoyen Clémencey le prit directement à
partie à propos de ce passage de sa lettre sur le
Saint-Siège, où il traitait le parti républicain de
« faction dont on n'a le droit de dire du mal que
parce qu'elle a des chances de vous couper la tête
entre deux monarchies ». L'attaque était embarras-
sante. Lacordaire s'en tira habilement. Il convint
que, avant le 24 février, il n'y avait pas dans toute
sa personne un atome de républicanisme, mais il
invoqua comme *excuse valable* qu'à l'époque où il
était entré dans la vie « le comble de l'esprit libéral
avait admis la charte et la constitution ». Il n'avait
donc pas pu s'opposer seul au vœu magnanime de
la nation. S'il avait taxé la République d'une manière
dure, c'est qu'il l'avait toujours présente à l'esprit
comme un échafaud noir et sanglant. Mais il était
aujourd'hui fier et content d'avoir mal pensé d'elle,
et de n'avoir pas vu ses tristes prévisions se réaliser. Et comme le citoyen Clémencey, mécontent
de sa réponse, demandait à Lacordaire ce que

l'Église, qui était dans une position fausse vis-à-vis de la Révolution, entendait faire pour se réconcilier définitivement avec le siècle, et de quelle manière elle entendait se rajeunir pour devenir la croyance de la jeune République, il fournit à Lacordaire l'occasion d'un beau mouvement d'éloquence sur la réconciliation de la génération nouvelle avec cette antique génération de la vérité qui s'appelle l'Église. « Je ne saisis pas bien, s'écria-t-il, quelle est l'opposition qui peut se trouver entre ces deux choses si admirables, la vieille doctrine catholique, celle qui a créé les peuples et la liberté même des peuples, car avant Jésus-Christ, avant l'Évangile, il n'y avait pas de peuples. Il n'y avait que des maîtres et des esclaves…. L'égalité, la liberté! comment se fait-il que la République, qui inscrit cette devise au fronton de ses temples, puisse se trouver en opposition avec l'Église? Je ne pense pas que la réconciliation soit à faire; je pense, au contraire, qu'elle est faite, et si ce peuple que nous avons mis au monde nous-mêmes abandonnait de part et d'autre des préjugés antiques, si eux et nous, dis-je, nous voulons nous réconcilier, je ne vois pas ce qui peut nous en empêcher. »

Cette éloquente péroraison fut couverte d'applaudissements, et Lacordaire sortit de la réunion sans avoir, à tout prendre, fait d'accrocs à sa robe de moine. Il semble cependant qu'à la veille même de l'élection, quelque scrupule lui soit venu sur sa candidature, car il signa dans *l'Ère nouvelle* un article où il déclarait que le rôle politique du clergé ne lui paraissait qu'un accident transitoire. Le peuple de

Paris avait, selon lui, sacré le prêtre. Le prêtre était donc Français, citoyen, républicain; il pouvait se porter comme candidat, et il le devait, car se retirer en un pareil moment, c'était abdiquer le service militaire à l'heure de la bataille. Mais une fois la République constituée, le prêtre se retrouverait en présence d'une nation extrêmement jalouse de la distinction des deux pouvoirs, et douée d'un goût exquis que les moindres dissonances blessent vivement. « Le clergé de France, ajoutait-il, ne s'exposera jamais sans dommage au souffle des passions politiques. Si éloquent fût-il, si dévoué, si courageux, il paraîtra moins grand à la tribune que dans l'humble chaire où le curé de campagne apporte la gloire de son âge et la simplicité de sa vertu. »

Tout rallié que fût Lacordaire, il fut vivement combattu à Paris par les républicains. Une portion même du clergé se prononça contre lui, et tandis que le curé de Saint-Eustache, l'abbé de Guerry, était élu, il n'obtenait qu'un chiffre de voix tout à fait insuffisant. Il en fut de même dans les autres départements où il avait été porté. Il pouvait donc croire qu'il avait échoué dans sa légitime ambition, lorsqu'il apprit que, porté à son insu et à la dernière heure sur la liste des Bouches-du-Rhône, il était au nombre des élus. Trois évêques et vingt prêtres l'étaient avec lui.

Ce résultat inattendu ne pouvait qu'encourager Lacordaire dans l'espoir qu'il avait conçu d'assister à la fondation d'une république vraiment catholique. Ses lettres d'alors témoignent de son exaltation. « Tout ce que nous voyons est miracle », écrivait-il à

Mme de Prailly, et dans une lettre à M. Foisset : « Je ne suis pas saint Bernard, et saint Bernard, homme de pénitence et de solitude, n'a jamais résisté à l'appel que faisaient de lui les rois ou les peuples ». Il y eut un dernier jour où il put encore se comparer à saint Bernard acclamé par le peuple. Ce fut le 4 mai, date de l'ouverture de l'Assemblée nationale. Ce jour-là, un de ses membres en ayant fait la proposition, l'Assemblée nationale crut devoir se rendre sur le péristyle du palais législatif pour proclamer la république. Le costume blanc et noir de Lacordaire le distinguait au milieu de ses collègues. Reconnu et acclamé par son nom, il descendit jusqu'à la grille. Des mains se tendirent pour serrer la sienne à travers les barreaux, et, comme l'Assemblée fit le tour du palais pour rentrer par une autre porte, Lacordaire, pendant ce défilé, fut suivi d'un cortége qui l'applaudissait. Une dernière fois, il put croire que le peuple le sacrait prêtre, citoyen et républicain. Son illusion sur les véritables sentiments du peuple devait être de courte durée.

« Des personnes graves » avaient conseillé à Lacordaire de venir siéger à l'Assemblée en soutanelle ou habit à la française. Au dernier moment il s'y refusa, et ce fut revêtu de son costume de Dominicain qu'il alla s'asseoir sur le banc le plus élevé de la travée d'extrême gauche, au sommet de ce qu'on appelait la Montagne. Il avait cru par là donner un gage de la sincérité de son adhésion. « Ce fut une faute », a-t-il écrit lui-même, faute dont il aurait dû être averti lorsqu'il vit Lamennais s'asseoir à quelques degrés au-dessous de lui, sur ces mêmes bancs. Quels regards, quels mots furent échangés entre eux, nul ne le sait. On a raconté que, Lamennais ayant dit dans son premier discours : « Quand j'étais prêtre », un interrupteur aurait répondu : « Monsieur, prêtre, on l'est toujours », et que cet interrupteur était Lacordaire. Mais aucun de ses biographes sérieux ne rapporte ce propos, qui n'est qu'une simple légende.

A la tribune, Lacordaire ne prit que deux fois la parole. La première, ce fut pour combattre la nomination directe des ministres par l'Assemblée; la seconde, à propos d'une allusion faite par le Procureur général Portalis au costume qu'il portait, « costume prohibé par les lois ». Lacordaire releva l'inconvenance avec dignité, et expliqua que ce que son habit représentait à l'Assemblée, c'était « la République elle-même, triomphante, généreuse, juste, conséquente à elle-même ». Les deux fois, sa parole produisit peu d'effet. Aurait-il su la transformer, en la condensant, et lui donner la forme sobre, vive, acérée parfois, que doit prendre l'éloquence politique? Cela est impossible à dire. Les événements ne lui en laissèrent pas le temps.

Le 15 mai, l'Assemblée nationale était envahie par ce même peuple de Paris, qui, onze jours auparavant, acclamait la République et Lacordaire. Laissons-le raconter lui-même l'impression qu'il en ressentit : « Nous demeurâmes trois heures, sans défense contre l'opprobre d'un spectacle où le sang ne fut pas versé, où le péril peut-être n'était pas grand, mais où l'honneur eut d'autant plus à souffrir. Le peuple, si c'était le peuple, avait outragé ses représentants, sans autre but que de leur faire entendre qu'ils étaient à sa merci. Il n'avait pas coiffé l'assemblée d'un bonnet rouge, comme la tête sacrée de Louis XVI; mais il lui avait ôté sa couronne, et il s'était ôté à lui-même, qu'il fût le peuple ou qu'il ne le fût pas, sa propre dignité. Pendant ces longues heures, je n'eus qu'une seule pensée, qui se reproduisait à toute minute sous cette forme monotone et implacable : la République est perdue. »

Pour Lacordaire lui-même, le péril fut un instant plus grand qu'il ne l'a jamais su. « Vois-tu là-bas ce vautour? dit un homme du peuple à un de ses camarades, j'ai bien envie d'aller lui tordre le cou. » « La comparaison me parut admirable, ajoute Tocqueville, qui raconte l'anecdote dans ses *Souvenirs*. Le cou long et osseux de ce Père sortant de son capuchon blanc, sa tête pelée, entourée seulement d'une houpe de cheveux noirs, sa figure étroite, son nez crochu, ses yeux rapprochés, fixes et brillants, lui donnaient en effet avec l'oiseau de proie, dont on parlait, une ressemblance dont je fus saisi. »

Le coup était rude, et la désillusion fut aussi complète que rapide. D'un coup d'œil il mesura la profondeur de l'erreur où il était tombé. Il comprit que le peuple, qu'il avait rêvé de réconcilier avec l'Église, n'était pas disposé à se laisser gouverner par elle; il comprit que si, en partie grâce à ses efforts, le nombre des catholiques était beaucoup plus grand en France qu'au lendemain de 1830, cependant c'était chimère de compter sur une majorité purement catholique; il comprit enfin que ses rêves généreux de fraternité sociale étaient menacés

par des passions auxquelles il serait impossible de
ne pas opposer la force, que l'ère des luttes violentes allait commencer, et que les cruelles néces-
sités de ces luttes mettraient à une trop rude épreuve
le représentant d'un Dieu de miséricorde. Comme il
avait reconnu et proclamé son erreur de 1830, avec
la même franchise, avec la même loyauté, il reconnut
et proclama son erreur de 1848. Trois jours après
les événements du 15 mai, il adressait au président
de l'Assemblée nationale et aux électeurs des Bouches-du-Rhône une lettre par laquelle il annonçait
sa démission. « L'expérience lui avait montré, disait-
il dans sa lettre au président, qu'il arriverait mal à
concilier dans sa personne les devoirs pacifiques de
la vie religieuse avec les devoirs difficiles et sévères
de représentant du peuple. » Et il ajoutait dans sa
lettre à ses électeurs : « Je compris que dans une
assemblée politique l'impartialité conduisait à l'impuissance et à l'isolement, qu'il fallait choisir son
camp et s'y jeter à corps perdu. Je ne pus m'y
résoudre. Ma retraite était dès lors inévitable, et je
l'ai accomplie. »

A distance, l'aveu d'une erreur grandit un homme.
Au moment même, elle le diminue. Lacordaire avait
le sentiment de cette diminution. Il en prenait son
parti non sans souffrances, mais avec une humilité
touchante. « Il est très dur, écrivait-il, de paraître
manquer de conséquence et d'énergie, mais il est
bien plus dur encore de résister aux instincts de sa
conscience. Je n'aurais jamais cru avoir tant d'horreur de la vie politique. Je ne me suis trouvé qu'un
pauvre petit moine, et pas du tout un Riche-

lieu, un pauvre petit moine aimant la retraite et la paix. »

Les journées de juin achevèrent d'abattre sa foi politique, qui, lui-même le reconnaissait, « n'avait jamais été viable ». Aussi prenait-il, quelques mois après, une détermination qui était la conséquence naturelle de son nouvel état d'esprit : celle d'abandonner la direction de *l'Ère nouvelle* dont le programme, de plus en plus hardi, avait cessé d'être le sien. Il s'en expliquait avec l'abbé Maret dans une lettre très noble que l'abbé Bazin a reproduite dans son intéressante vie de l'ancien doyen de la Faculté de théologie : « C'était à moi, disait-il, au commencement. de pressentir si je n'allais pas au delà de mes forces en prenant une voie étrangère jusque-là aux habitudes de mon esprit. C'était à moi de connaître, de savoir que j'étais un démocrate bien novice, et que je serais incapable, sans une conviction énergique, de mener à fin l'ouvrage que je commençais avec vous. J'avoue ce fait. Dieu le jugera. Il jugera si le besoin de me dévouer pour sa cause peut excuser la témérité qu'il y eut à m'engager dans une voie dont je n'étais pas sûr ».

Ses convictions démocratiques, qui n'avaient jamais été bien solides, étaient en effet singulièrement ébranlées, car il écrivait quelques mois après à un ami : « Sans doute c'est l'Évangile qui a fondé la liberté dans le monde, qui a déclaré les hommes égaux devant Dieu, qui a prêché les idées et les œuvres de la fraternité, et l'on peut appeler cela *démocratie*, si l'on veut. Mais ce mot, d'après son étymologie, exprime plutôt le sens de gouvernement par le peuple : or j'avoue ne pas voir clairement qu'il y a nécessairement plus de liberté, d'égalité, de fraternité dans une démocratie prise en ce sens-là que sous une monarchie. Cela peut être ou ne pas être. C'est une question, et, pour ma part, je la crois au moins douteuse. »

Comme la question lui paraissait douteuse, il demeura volontairement étranger aux luttes ardentes des partis qui signalèrent toute la durée de l'Assemblée nationale et de l'Assemblée législative. Il ne voulut pas se mêler à l'action de ceux de ses amis qui cherchaient déjà, dans la réconciliation des deux branches de la maison de Bourbon, dans ce qu'on appelait alors la *fusion*, un remède aux périls que tout le monde prévoyait. Les catholiques avaient, dans un premier moment d'enthousiasme, accepté la République. Il les considérait comme liés; à ses yeux une volte-face les aurait déshonorés, et n'aurait plus permis de les considérer « que comme les humbles valets de tous les avènements favorisés par le sort ».

Il n'approuvait pas davantage l'alliance contractée entre les catholiques, représentés par M. de Falloux et M. de Montalembert, et les libéraux, représentés par M. Cousin et M. Thiers. Elle lui semblait inspirée par des sentiments réactionnaires et bourgeois. « La séparation, écrivait-il, en parlant de quelques-uns de ses amis les plus intimes, est complète et irrémédiable.... Il s'agissait de savoir si on immolerait à la peur des révolutions les nationalités opprimées, les libertés civiles et religieuses, les intérêts des pauvres, si l'Europe et l'Église se rejet-

teraient dans les bras de l'Autriche et de la Russie,
pour assurer de nouveau dans cette sainte alliance
le règne reconstitué d'une bourgeoisie égoïste ,
rationaliste et voltairienne, si enfin l'on choisirait
M. Thiers au lieu de la Providence. » Aussi ne prit-
il aucune part à la campagne qui devait cependant
aboutir à la loi de 1850 sur la liberté de l'enseignement, et ce ne fut pas avant bien des années que,
rendant justice à cette loi, aujourd'hui abrogée, il
l'appela d'un nom heureux : « l'édit de Nantes du
XIX⁰ siècle ». Mais dans l'isolement volontaire où il
se confinait, il ne se faisait aucune illusion sur le
dénoûment final. « Les branches de l'absolutisme,
écrivait-il, repousseront comme l'unique contrepoids
aux fureurs de la démagogie; les bourgeois applau-
diront par peur, le clergé par espérance, et l'on
tirera le canon des Invalides pour annoncer au
monde l'ère de l'ordre, de la paix et de la religion. »
Et dans une autre lettre : « Je vois dans toute l'Europe une précipitation vers le despotisme qui m'annonce, pour le reste de mes jours, d'effrayantes révolutions, et comme je ne dévierai pas d'une ligne des
routes où mon esprit est engagé, je dois m'attendre
à des poursuites d'autant plus vives que je serai plus
seul dans mes sentiments. L'Europe passera dans le
despotisme; elle n'y restera pas, et dût-elle y rester,
je vivrai et mourrai en protestant pour la civilisation
de l'Évangile contre la civilisation du sabre et du
knout. »

Telle était sa disposition d'esprit dans les derniers
mois de l'année 1851; et, s'il avait manqué de clair-
voyance au lendemain de 1848, assurément l'expé-

rience lui avait profité, car il était impossible de
jeter sur l'avenir de la France et de l'Europe un
coup d'œil plus prophétique. Il semble même qu'un
pressentiment personnel soit venu en aide à sa sagacité. Le 9 mars 1851, il avait inauguré à Notre-
Dame la station du Carême devant un auditoire plus
que jamais avide d'entendre sa parole. Rien ne pouvait faire prévoir que cette station fût la dernière
qu'il dût prêcher, et cependant en prononçant le
sermon de clôture, il ne pouvait se défendre de
parler à ses auditeurs comme s'il leur adressait ses
adieux. « Je suis parvenu, leur disait-il, à ce milieu
du chemin de la vie où l'homme se dépouille de sa
jeunesse,et descend par une pente rapide aux rivages
de l'impuissance et de l'oubli. Je ne demande pas
mieux que d'y descendre, puisque c'est le sort que
l'équitable Providence nous a fait; mais, du moins,
à ce point de partage des choses d'où je puis voir
encore une fois les temps qui vont finir, vous ne
m'envierez pas la douceur d'y jeter un regard, et
d'évoquer devant vous, qui fûtes les compagnons de
ma route, quelques-uns des souvenirs qui me rendent si chers et cette métropole et vous. » Il adressait alors une magnifique invocation à ces voûtes de
Notre-Dame sous l'ombre desquelles s'étaient passés
les plus grands événements de sa vie. C'était là,
quand son âme se fut rouverte à la lumière, que le
pardon était descendu sur ses fautes, et qu'il avait
reçu Dieu pour la seconde fois. C'était là, qu'après
de longs détours, il avait trouvé le secret de sa prédestination, dans cette chaire entourée pendant
quinze ans de silence et d'honneur. C'était là, qu'au

retour d'un exil volontaire, il avait rapporté l'habit religieux, et obtenu pour lui le triomphe d'un unanime respect. C'était là enfin qu'avaient pris naissance toutes les affections qui avaient consolé sa vie, et qu'homme solitaire, inconnu des grands, éloigné des partis, étranger aux lieux où se presse la foule et se nouent les relations, il avait rencontré les âmes qui l'avaient aimé. Puis il s'écriait dans un dernier mouvement : « Et vous, messieurs, génération déjà nombreuse en qui j'ai semé peut-être des vérités et des vertus, je vous demeure uni pour l'avenir comme je le fus dans le passé; mais si un jour mes forces trahissaient mon élan, si vous veniez à dédaigner les restes d'une voix qui vous fut chère, sachez que vous ne serez jamais ingrats, car rien ne peut empêcher désormais que vous n'ayez été la gloire de ma vie, et que vous ne soyez ma couronne pour l'éternité. » Et laissant alors ses auditeurs sous l'émotion de ces accents inattendus, il descendait lentement les degrés de la chaire de Notre-Dame, qu'il ne devait plus remonter.

Neuf mois après, survenait le coup d'État du 2 décembre. L'événement était tellement prévu qu'il ne paraît pas (autant, il est vrai, qu'on peut en juger par des lettres confiées à la poste) avoir causé à Lacordaire une émotion très vive. Cependant, il aperçut dès le premier jour le danger d'une intervention militaire dans la vie légale d'un pays. Il ne partagea pas non plus les illusions de ceux de ses amis qui crurent que les socialistes seuls auraient à pâtir du coup d'État, et que catholiques et libéraux n'auraient point à en souffrir. « La violation par la force militaire de la constitution d'un pays, écrivait-il, est toujours une grande calamité publique, qui prépare pour l'avenir de nouveaux coups de fortune, et l'avilissement progressif de l'ordre social. Rien ne contre-balance la violation de l'ordre moral sur une grande échelle. Le succès même fait partie du fléau; il enfante des imitateurs qui ne se découragent plus. Le scepticisme politique envahit les âmes, et elles sont toujours prêtes à livrer le monde au premier parvenu qui leur promettra de l'or et du repos. »

Quelle était donc l'attitude que Lacordaire souhaitait de voir adopter par l'Église vis-à-vis de ce gouvernement nouveau, le troisième à l'avènement duquel il assistait? De la séparation absolue à laquelle il avait songé en 1830, de la domination librement acceptée qu'il avait rêvée en 1848, il ne pouvait plus être question. Ce qu'il aurait voulu, c'est que, tout en reconnaissant le gouvernement qui était incontestablement acclamé par la majorité du pays, tout en s'acquittant correctement des devoirs que le concordat lui imposait, le clergé français ne fît point sienne la cause de ce gouvernement, et qu'il prît vis-à-vis de lui l'attitude d'une respectueuse indépendance, de façon que l'Église ne fût ni compromise par ses fautes, ni ébranlée par sa chute. Il aurait voulu surtout que rien ne sentît la servilité ni la palinodie, et que l'Église ne semblât pas prendre parti contre les vaincus. On peut juger de l'attitude qu'il lui aurait conseillé de garder par celle qu'il prescrivait à son Ordre. A propos d'une cérémonie officielle qui devait avoir lieu peu de temps après le coup d'État, voici ce qu'il écrivait au supérieur d'une des maisons fondées par lui : « Nous devons en pareille circonstance faire le strict nécessaire et rien de plus ; le nécessaire, parce que la neutralité est notre principe en politique ; rien de plus, parce que la dignité, le respect de toutes les convictions honnêtes sont un autre principe, qui nous dirige et doit nous diriger constamment. »

Pendant quelques mois, il put espérer que cette attitude serait bien celle de l'épiscopat français. Sans doute, dans un journal religieux qui commençait dès lors d'exercer une influence considérable, une voix éloquente avait adressé aux catholiques un pressant appel, pour leur demander de prêter au prince-président le concours de leurs voix dans le plébiscite du 20 décembre. Mais ce n'était qu'un conseil politique donné par un laïque à des laïques. Les évêques se tenaient sur une grande réserve. Cinq d'entre eux seulement s'étaient prononcés dans le même sens, mais avec beaucoup de mesure. Il n'en fut pas de même lorsque 7 millions de suffrages eurent montré la force du nouveau pouvoir et fait pressentir sa durée. L'épiscopat n'y tint plus. Un voyage du prince-président dans le midi de la France fut pour lui l'occasion d'afficher ses sentiments. Le devoir de leurs fonctions obligeait les évêques à présenter leur clergé au président, dans les villes où il s'arrêtait. Ce fut, pour un grand nombre d'entre eux, l'occasion de lui adresser des discours dont le ton rappelait ceux des évêques du premier empire. D'autres, qui n'avaient point l'occasion d'approcher le nouveau César, s'en dédommageaient par l'ardeur de leurs mandements. Parmi les évêques qui

se distinguaient dans cette émulation, on aurait pu
retrouver quelques-uns de ceux qui avaient reconnu
la République avec le plus d'empressement. Ainsi
l'évêque d'Amiens, Mgr de Salinis, avait écrit
en 1848 : « Le peuple a eu le sens divin de l'alliance
naturelle entre le catholicisme et la liberté ». Mais
dans une lettre pastorale adressée à ses diocésains à
l'occasion du rétablissement de l'Empire, il y développait cette théorie que, quand l'Église rencontre
César, son devoir est d'aller à lui et de lui offrir non
seulement la paix, mais l'alliance. « Nous sommes
donc résolus, continuait Mgr de Salinis, à prêter à
l'Empereur le plus loyal concours, et nous nous enga-
geons à l'aider nous-mêmes à accomplir la mission
providentielle qui lui a été confiée. »

Simple moine Lacordaire n'avait qu'à garder le
silence, mais dès le lendemain du coup d'État une
question importante se présentait pour lui : celle de la
reprise de ses conférences à Notre-Dame. Mgr Sibour
le pressait d'y reparaître. Il s'y refusa. « Je compris,
a-t-il écrit plus tard, que dans ma pensée, dans mon
langage, dans mon passé, j'étais moi aussi une
liberté et que je n'avais qu'à disparaître avec les
autres. » Il ne faisait d'ailleurs que déférer au désir
secret de son supérieur direct, le père Jeandel, et,
dans une lettre à Mme de Prailly, après lui avoir
indiqué cette raison de son refus, il ajoutait : « J'ai
pensé ne pouvoir donner mes conférences cet hiver,
au milieu du silence de la presse et de l'opinion,
sans exposer la chaire de Notre-Dame à devenir
un rendez-vous périlleux pour les amis et les
ennemis du nouveau pouvoir. L'oppression du temps

eût été pour moi une occasion incessante de donner
çà et là des coups d'épée au despotisme, et on les eût
faits plus grands qu'ils n'eussent été dans mon intention. J'ai mieux aimé me taire; j'ai trouvé ce silence
digne et sage, et, à sa façon, un deuil de nos libertés péries. »

Ce fut le malheur de l'Empire, et il en a porté la
peine jusqu'à la fin, d'avoir ainsi fermé la bouche
aux hommes qui avaient le plus de générosité
dans le caractère et d'indépendance dans l'esprit.
Quand, plus tard, les ressorts de la compression
étant usés, et ils s'usent vite, il voulut rendre leur
jeu à ceux de la liberté, il ne trouva, parmi ceux
qui s'étaient dévoués à lui, personne qui sût les
faire mouvoir. Lacordaire devait cependant se
faire entendre à Paris encore une fois, en 1853.
Ce fut à Saint-Roch, dans cette même église où,
vingt ans auparavant, son premier essai avait fait
dire à ses amis qu'il ne serait jamais un prédicateur.
Il avait accepté d'y prêcher un sermon en faveur
des écoles chrétiennes libres. Avait-il craint que
son silence ne parût un acquiescement? Voulut-il
simplement, dans un temps où M. Guizot avait pu
dire : « La servilité est plus grande que la servitude », donner l'exemple de la fierté? Quoi qu'il en
soit, il choisit comme texte de son sermon ces mots
de la Bible : *Esto Vir*, sois homme, et comme sujet :
la grandeur du caractère. Il se demandait si la grandeur du caractère était une vertu et un devoir pour
le Chrétien. On peut penser quelle était sa réponse.
« Toutes les fois, s'écriait-il, que nous voulons
avoir des impulsions grandes, fortes, généreuses,

malgré nous, détournant la tête de ce sol abject que nous foulons à nos pieds, nous l'élevons vers le ciel pour y chercher des inspirations sublimes; nous demandons à ce créateur dont notre conscience est un resplendissant reflet, non pas ce qui réussira, ce qui nous favorisera dans l'opinion des hommes et dans la faveur des princes, mais ce qui est écrit dans l'âme, parce que ce qui est écrit dans l'âme est écrit en Dieu. Nous regardons le ciel, qui est notre patrie, et nous y puisons la force de mépriser tous les événements, quels qu'ils puissent être, la force d'accomplir, à la face de Dieu, des hommes et de notre conscience, des actes inspirés par le devoir et le bien d'autrui. »

Il continuait ensuite en montrant la résistance que le caractère a toujours su opposer à la force. « Dieu prit un homme, dit-il, qu'il investit d'une puissance formidable, un homme qu'on appela grand, mais qui n'était pas assez grand pour ne pas abuser de sa puissance. Il le mit aux prises, pendant un certain nombre d'années, avec le vieillard du Vatican et, au plus fort de ses triomphes, ce fut le vieillard qui fut vainqueur. » Il montrait ensuite ce même homme aux prises avec l'Espagne, « cette nation faite par des moines », et il ajoutait : « L'Espagne eut l'honneur insigne d'être la première cause de la ruine de cet homme et de la délivrance du monde ». C'était devant un auditoire immense, qui remplissait non seulement toute la nef mais les chapelles latérales, que ces paroles étaient prononcées d'une voix vibrante, le bras tendu, le doigt menaçant. « Il y eut, dit un témoin, dans la foule le frémissement du vent dans les forêts. » Lacordaire vit l'impression que produisaient ses paroles : « Je le sais, dit-il en s'interrompant, il n'est pas besoin d'une armée pour arrêter ici ma parole, il ne faut qu'un soldat ; mais pour défendre cette parole et la vérité qui est en elle, Dieu m'a donné quelque chose qui peut résister à tous les empires du monde. » L'audace parut si grande que beaucoup de ses auditeurs se demandaient si, le lendemain, quelque mesure exceptionnelle ne serait pas prise contre lui. L'événement se chargea de montrer l'éternelle vérité de la parole de M. Guizot. Le discours ne reçut, à la vérité, aucune publicité ; mais le *Moniteur officiel* eut le bon goût d'en faire l'éloge et Lacordaire put quitter Paris quelques jours après.

Ce fut vers Toulouse qu'il se dirigea. Les intérêts de son Ordre l'y appelaient. Il y prononça en 1854 ses célèbres conférences *Sur la vie* dont j'ai déjà parlé. Pour la dernière fois sa parole retentit en public, dans la vieille église de Saint-Étienne, avec un éclat dont, après quarante ans écoulés, j'ai retrouvé encore les échos. Des occupations plus modestes devaient absorber les dernières années de sa vie.

La direction de l'ancienne *École royale militaire* que les Bénédictins avaient fondée à Sorèze lui fut offerte par l'administration nouvelle. Il accepta, non sans quelque mélancolie, mesurant le sacrifice et s'y soumettant par esprit d'obéissance envers ses supérieurs et par humilité : *Viventi hospitium, morienti sepulchrum, utrique beneficium*, disait-il en parlant du lieu où il allait en effet s'ensevelir et dont il ne sortit plus guère. Cependant il avait toujours aimé la jeunesse. Il se consacra donc à l'éducation d'une nouvelle génération de catholiques avec la passion qu'il apportait en toutes choses. Il y eut, dans ce cœur de moine, comme l'éclosion tardive d'un sentiment dernier : l'amour paternel. Parfois il allait jusqu'à regretter de n'avoir pas adopté un enfant qui aurait été le fils de son âme et auquel il aurait fait le don de lui-même : « Mais j'ai craint l'ingratitude, ajoutait-il, et cette crainte me fait encore hésiter aujourd'hui. Je l'aurais tant aimé que s'il eût méconnu mon amour en Dieu, il eût fait un mal profond à l'infirmité de mon humaine nature. Il l'eût tuée. » S'il n'eut point de fils adoptif, on peut dire cependant que tous les élèves de Sorèze devinrent ses enfants. Jusqu'à sa mort ils absorbèrent son temps et ses soins. Il préparait les prônes qu'il leur adressait, chaque dimanche, avec autant d'application qu'autrefois ses conférences de Notre-Dame, et y épuisait le reste de ses forces. A l'une des dernières instructions qu'il prononça, la voix lui manqua : « Mon épée s'est rouillée, Messieurs, dit-il en s'interrompant, mais je puis dire que c'est à votre service ». Un autre trait montrera la sollicitude que lui inspirait la direction de ces jeunes âmes. Lorsqu'il fut question de sa candidature à l'Académie française, Lacordaire avait dû venir passer quelques jours à Paris. Il avait annoncé son retour à Sorèze pour un certain samedi. On voulait le retenir ce jour-là pour une démarche importante : « Non, répondit-il ; c'est le jour où je confesse, et l'on ne peut savoir quel trouble une confession retardée peut amener dans la vie d'une âme. »

Ses méthodes d'éducation seraient également intéressantes à étudier. Les étroites dimensions de ce
volume ne me permettent pas d'en parler comme je
l'aurais souhaité. J'aurais aimé à mettre ces méthodes
en parallèle avec celles de nos établissements univer-
sitaires, et aussi avec celles ordinairement suivies
dans les établissements ecclésiastiques. J'aurais
aimé à le montrer comptant, pour maintenir la
discipline, moins sur la surveillance que sur la
confiance, sur les punitions que sur l'honneur,
et se préoccupant de former des catholiques qui
fussent aussi des hommes et des Français. Chez
ses élèves il s'efforçait d'exalter deux choses : le
caractère et l'amour de la patrie; le caractère
qu'il appelait : « l'énergie sourde et constante de
la volonté, je ne sais quoi d'inébranlable dans les
desseins, de plus inébranlable encore dans la
fidélité à soi-même, à ses convictions, à ses amitiés,
à ses vertus, une force intime qui jaillit de la
personne et inspire à tous cette certitude que nous
appelons la sécurité »; et l'amour de la patrie qui,
dans une de ses *Lettres à un jeune homme sur la vie
chrétienne*, lui inspirait ce beau passage : « La patrie
est notre Église du temps, comme l'Église est
notre patrie de l'éternité.... Elle est le sol qui nous
a vus naître, le sang et la maison de nos pères,
l'amour de nos parents, les souvenirs de notre
enfance, nos traditions, nos lois, nos mœurs, nos
libertés, notre histoire et notre religion : elle est
tout ce que nous croyons et tout ce que nous aimons. »
Aussi s'efforçait-il d'intéresser par avance ces jeunes
gens aux destinées de la France. Si la politique était

naturellement bannie des leçons de Sorèze, il ne
leur enseignait point cependant qu'ils dussent n'appartenir à aucun parti, ou, suivant les circonstances,
en changer. Il ne leur disait pas : soyez catholiques
et ne soyez point autre chose. Il leur disait au contraire dans un discours familier : « Ayez une opinion. Pourvu qu'elle ne soit pas exagérée, elle sera
toujours honorable ; mais de grâce, comptez-vous
pour quelque chose ; sachez vouloir et vouloir sérieu-
sement. Ce n'est pas d'orgueil qu'il s'agit, mais de
dignité. Dans notre siècle, presque personne ne sait
vouloir. Vous donc, les premiers jeunes gens que je
mène dans le monde (il s'adressait à des élèves qui
allaient quitter Sorèze), encore que Dieu ne vous ait
pas mis longtemps dans mes mains, je vous prie de
garder cette parole : *Ayez une opinion.* Si vous le
faites, vous serez de grands citoyens ; sinon vous
déshonorerez votre pays ; peut-être le vendrez-
vous. »

Le maître d'école avait condamné le prédicateur
au silence ; il laissait cependant quelques loisirs à
l'écrivain. Lacordaire les mit à profit pour écrire
une *Vie de sainte Marie-Madeleine.* Je suis un peu
embarrassé pour parler de cette Vie. Elle est une de
ses œuvres les plus populaires. Je ne saurais dire
qu'elle soit une de celles qui me plaisent le mieux. Au
lendemain de la publication, Barbey d'Aurevilly
disait : « Ce livre a les corruptions du temps, sa
sentimentalité maladive, son individualisme, son
mysticisme faux, son rationalisme involontaire ».
Je ne saurais souscrire à ce jugement sévère de
l'auteur des *Diaboliques* et d'*une Vieille Maîtresse,*

mais je dois avouer que dans quelques passages, et peut-être dans la conception même du livre, une certaine exquise mesure me paraît parfois un peu dépassée. Cependant, je n'aurai pas le rigorisme de souhaiter que ce. livre n'ait jamais été écrit, car nous y aurions perdu les délicieuses pages sur l'amitié qui ouvrent le volume, et, de-ci, de-là, quelques traits perçants qui vont jusqu'au cœur. Ainsi la rencontre du Christ avec Marie-Madeleine après sa résurrection : « Jésus lui dit : « Marie! » et Marie, s'étant retournée, lui dit : « Maître! » Marie! oh! quel accent eut ce mot! Hélas, ici-bas même, que notre nom est doux dans la bouche d'un ami, et qu'il va loin au fond douloureux de notre être! Et si c'était Dieu qui le prononçât à voix basse! si c'était Dieu, mort pour nous, ressuscité pour nous, qui nous appelât par notre nom, quel écho ne remuerait-il pas dans les infinies profondeurs de notre misère! Marie-Madeleine entendit tout dans son nom; elle entendit le mystère de la résurrection qu'elle ne comprenait pas; elle y entendit l'amour de son sauveur, et dans cet amour, elle le reconnut. « Maître! » répondit-elle; un mot lui suffit, comme un mot avait suffi au fils de Dieu. Plus les âmes s'aiment, plus leur langage est court. »

Les dernières années de Lacordaire furent tristes. S'il est en effet une épreuve qui soit cruelle à un esprit généreux, et parfois un peu chimérique, comme était le sien, c'est de voir l'événement donner tort à des prévisions et à des espérances longtemps chéries. Il avait rêvé en France l'alliance de l'Église avec la liberté; il la voyait chercher celle du pouvoir.

Il lui avait prêché l'indépendance et la dignité; il
la voyait cherchant à acheter des faveurs par des
services. Il avait entrepris de façonner les catholiques à l'usage de la liberté, et de leur apprendre
à se servir des armes du droit commun; il les voyait
aujourd'hui, pour la plupart, renier bruyamment
la liberté, insulter ceux qui lui restaient fidèles et
« saluer César d'une acclamation qui aurait excité
le mépris de Tibère ». Ce fut là, surtout, sa grande
douleur dont la fidélité de quelques amis ne par-
venait pas à le consoler. Dans les pages qu'il a dictées sur son lit de mort, il rappelait le souvenir de
cette épreuve en termes pleins de mesure. « Beaucoup de catholiques, se repentant de ce qu'ils avaient
dit et de ce qu'ils avaient fait, se jetèrent avec ardeur
au-devant du pouvoir absolu. Ce schisme, que je
ne veux point appeler ici une apostasie, a toujours
été pour moi un grand mystère et une grande douleur : l'histoire dira quelle en fut la récompense. »
Le danger pour l'Église de prêter les mains à
une campagne de réaction hantait à tel point son
esprit que, treize années auparavant, il écrivait
déjà : « *L'Ami de la religion* et *l'Univers* seront
cause qu'à la prochaine émeute on tombera sur les
églises et sur les prêtres; je ne veux point avoir
ma part de cet épouvantable résultat ». Sa correspondance avec Mme Swetchine est pleine des cris
éloquents que lui arrachait l'attitude de certains
catholiques. Parfois même il n'y pouvait tenir, et
il prenait directement à partie ceux dont les versa-
tilités éclatantes révoltaient chez lui le sentiment de
l'honneur. C'est ainsi qu'il adressait à Mgr de Salinis,

l'ancien ami de Lamennais et l'auteur de l'étrange mandement dont j'ai parlé, une lettre que je voudrais pouvoir citer tout entière, tant elle est d'un fier accent, et qui se terminait ainsi : « Pour moi, ma consolation, au milieu de si grandes misères morales, est de vivre solitaire, occupé d'une œuvre que Dieu bénit, en protestant par mon silence, et de temps à autre par mes paroles, contre la plus grande insolence qui se soit jamais autorisée du nom de Jésus-Christ ». Presque à la même date il écrivait à un ami : « Je pense comme vous sur tout ce que nous voyons. Mais tels sont les hommes. Il faut se tenir debout, au milieu de leur abaissement, et remercier Dieu qui nous a donné une âme capable de ne pas fléchir devant les misères que le succès couronne. » Se tenir debout, c'est l'exemple qu'a toujours donné Lacordaire et c'est un conseil qui est toujours bon.

A cette tristesse généreuse se mêlait un sentiment plus intime. Lui qui avait tant aimé ce siècle, qui avait cru le comprendre et en être compris, il souffrait de se sentir aujourd'hui tellement isolé, tellement à l'écart du nouveau mouvement qui l'emportait, et lui faisait préférer aux idées libérales le progrès industriel. « Je suis, disait-il, comme un vieux lion qui a voyagé dans les déserts, et qui, assis sur ses quatre nobles pattes, regarde devant lui, d'un air un peu mélancolique, la mer et ses flots. » La mélancolie gagnait en effet le vieux lion, et il ne pouvait s'empêcher de terminer une de ses lettres à Mme Swetchine par ces mots : « Adieu, chère amie : la vie est triste et amère ! Dieu seul y met un

peu de joie. C'est lui qui va me donner celle de vous
revoir et de vous dire encore combien je vous aime
dans votre vieillesse si éprouvée, et combien je me
rappelle chaque jour tout le bien que vous m'avez
fait. »

Lorsque j'ai visité Sorèze, on m'a montré la petite
cellule où se sont écoulés ses derniers jours. On y
accède par un escalier de quelques marches que
surmonte un petit perron; au-devant s'étend une
longue allée bordée de platanes. C'était là qu'il
avait coutume de se promener, en lisant son bré-
viaire, et l'on voyait de loin son froc blanc et son
manteau noir passer et repasser entre la double
ligne des arbres. Parfois, quand la soirée était belle,
il s'asseyait sur le petit perron, et il s'abîmait en
des réflexions dont nul n'osait lui demander le
secret. Ce dut être un de ces soirs que, rentrant
dans sa cellule, il écrivit ces lignes qui datent de
quelques années avant sa mort : « Quand on a con-
sumé sa vie dans un travail désintéressé, et qu'à la
fin d'une longue carrière on voit la difficulté des
choses l'emporter sur le désir et les efforts, l'âme,
sans se détacher du bien, éprouve l'amertume d'un
sacrifice qui n'est pas récompensé, et elle se tourne
vers Dieu dans une mélancolie que la vertu con-
damne, mais que la bonté divine pardonne ».

Une dernière épreuve lui restait encore à subir.
A cinquante-huit ans il sentit son corps faire défaut
à son âme. Au mois de mai 1860, déjà très affaibli, il
avait voulu se rendre à Saint-Maximin, dans le département du Var, pour y assister à la translation des
reliques de sainte Marie-Madeleine. Il dut s'arrêter

en route, puis revenir à Sorèze. « C'est la première fois, écrivait-il, que mon corps a résisté à ce que je voulais. » Lorsqu'au mois de janvier suivant, il vint à Paris prononcer son discours de réception à l'Académie française, on attribua sa pâleur extraordinaire à l'émotion que lui faisait éprouver cette séance solennelle. Cette pâleur était déjà celle de la mort. La jeunesse, la santé, la vigueur étaient tout entières du côté de M. Guizot qui le recevait, et ce fut un curieux spectacle que celui de ce protestant souhaitant la bienvenue à ce Dominicain. L'Ordre des Frères Prêcheurs remportait là un dernier triomphe. Lacordaire revint à Sorèze où il languit encore plusieurs mois, sans illusion et sans espoir, mais entouré du moins, de loin comme de près, de l'affection et de la sollicitude passionnée de toutes les âmes qu'il avait aimées, et dont il avait traversé la vie en leur faisant du bien. Son agonie même fut lente et douloureuse. Elle dura trois jours. Il avait perdu la parole ; mais la pensée était vivante encore. Tout à coup, dans une convulsion suprême, il se dressa sur son lit et il s'écria : « Mon Dieu ! mon Dieu ! ouvrez-moi ! ouvrez-moi ! » Ce cri d'angoisse et d'espérance fut le dernier que poussa cette bouche éloquente. Le lendemain, 21 novembre 1861, il expirait. « Plus de lumière ! » avait dit Gœthe, au moment où la mort commençait à voiler ses yeux. Lacordaire n'avait pas à demander plus de lumière, car sa foi croyait en avoir reçu la plénitude, et, sur le seuil redoutable, c'était de lui-même que doutait seulement son humilité.

FIN

TABLE DES MATIÈRES

767-11. — Coulommiers. Imp. PAUL BRODARD. — P6-11.

LIBRAIRIE HACHETTE ET Cie

BOULEVARD SAINT-GERMAIN, 79, A PARIS

LES
GRANDS ÉCRIVAINS FRANÇAIS

ÉTUDES SUR LA VIE
LES ŒUVRES ET L'INFLUENCE DES PRINCIPAUX AUTEURS
DE NOTRE LITTÉRATURE

Notre siècle a eu, dès son début, et léguera au siècle prochain un goût profond pour les recherches historiques. Il s'y est livré avec une ardeur, une méthode et un succès que les âges antérieurs n'avaient pas connus. L'histoire du globe et de ses habitants a été refaite en entier; la pioche de l'archéologue a rendu à la lumière les os des guerriers de Mycènes et le propre visage de Sésostris. Les ruines expliquées, les hiéroglyphes traduits ont permis de reconstituer l'existence des illustres morts, parfois de pénétrer jusque dans leur âme.

Avec une passion plus intense encore, parce qu'elle était mêlée de tendresse, notre siècle s'est appliqué à faire revivre les grands écrivains de toutes les littératures, dépositaires du génie des nations, interprètes de la pensée des peuples. Il n'a pas manqué en France d'érudits pour s'occuper de cette tâche; on a publié les œuvres et débrouillé la biographie de ces hommes fameux que nous chérissons comme des ancêtres et qui ont contribué, plus même que les princes et les capitaines, à la formation de la France moderne, pour ne pas dire du monde moderne.

Car c'est là une de nos gloires, l'œuvre de la France a été accomplie moins par les armes que par la pensée, et l'action de notre pays sur le monde a toujours été indépendante de ses triomphes militaires : on l'a vue prépondérante aux heures les plus douloureuses de l'histoire nationale. C'est pourquoi les maîtres esprits de notre littérature intéressent non seulement leurs descendants directs, mais encore une nombreuse postérité européenne éparse au delà des frontières.

Depuis que ces lignes ont été écrites, en avril 1887, la collection a reçu la plus précieuse consécration. L'Académie française a bien voulu lui décerner une médaille d'or sur la fondation Botta. « Parmi les ouvrages présentés à ce concours, a dit M. Camille Doucet dans son rapport, l'Académie avait distingué en première ligne la *Collection des Grands Ecrivains français*.... Cette importante publication ne rentrait pas entièrement dans les conditions du programme, mais elle méritait un témoignage particulier d'estime et de sympathie. L'Académie le lui donne. » (Rapport sur le concours de 1894.)

J.-J. JUSSERAND.

LES
GRANDS ÉCRIVAINS FRANÇAIS

ÉTUDES SUR LA VIE
LES ŒUVRES ET L'INFLUENCE DES PRINCIPAUX AUTEURS
DE NOTRE LITTÉRATURE

Chaque volume in-16, orné d'un portrait en héliogravure, broché.   2 fr.

LISTE DANS L'ORDRE DE LA PUBLICATION
DES 53 VOLUMES PARUS

VICTOR COUSIN, par M. *Jules Simon*, de l'Académie française.

MADAME DE SÉVIGNÉ, par M. *Gaston Boissier*, secrétaire perpétuel de l'Académie française.

MONTESQUIEU, par M. *Albert Sorel*, de l'Académie française.

GEORGE SAND, par M. *E. Caro*, de l'Académie française.

TURGOT, par M. *Léon Say*, de l'Académie française.

THIERS, par M. *P. de Remusat*, sénateur, de l'Institut.

D'ALEMBERT, par M. *Joseph Bertrand*, de l'Académie française, secrétaire perpétuel de l'Académie des sciences.

VAUVENARGUES, par M. *Maurice Paléologue*.

MADAME DE STAEL, par M. *Albert Sorel*, de l'Académie française.

THÉOPHILE GAUTIER, par M. *Maxime Du Camp*, de l'Académie française.

BERNARDIN DE SAINT-PIERRE, par M. *Arvède Barine*.

MADAME DE LAFAYETTE, par M. le comte *d'Haussonville*, de l'Académie française.

MIRABEAU, par M. *Edmond Rousse*, de l'Académie française.

RUTEBEUF, par M. *Clédat*, professeur de Faculté.

STENDHAL, par M. *Edouard Rod*.

ALFRED DE VIGNY, par M. *Maurice Paléologue*.

BOILEAU, par M. *G. Lanson*.

CHATEAUBRIAND, par M. *de Lescure*.

FÉNELON, par M. *Paul Janet*, de l'Institut.

SAINT-SIMON, par M. *Gaston Boissier*, secrétaire perpétuel de l'Académie française.

RABELAIS, par M. *René Millet*.

J.-J. ROUSSEAU, par M. *Arthur Chuquet*, professeur au Collège de France.

LESAGE, par M. *Eugène Lintilhac*.

DESCARTES, par M. *Alfred Fouillée*, de l'Institut.

VICTOR HUGO, par M. *Léopold Mabilleau*, professeur de Faculté.

ALFRED DE MUSSET, par M. *Arvède Barine*.

JOSEPH DE MAISTRE, par M. *George Cogordan*.

FROISSART, par Mme *Mary Darmesteter*.

DIDEROT, par M. *Joseph Reinach*.

GUIZOT, par M. *A. Bardoux*, de l'Institut.

MONTAIGNE, par M. *Paul Stapfer*, professeur de Faculté.

LA ROCHEFOUCAUD, par M. *J. Bourdeau*.

LACORDAIRE, par M. le comte *d'Haussonville*, de l'Académie française.

ROYER-COLLARD, par M. *E. Spuller*.

LA FONTAINE, par M. *G. Lafenestre*, de l'Institut.

MALHERBE, par M. le duc *de Broglie*, de l'Académie française.

BEAUMARCHAIS, par M. *André Hallays*.

MARIVAUX, par M. *Gaston Deschamps*.

RACINE, par M. *G. Larroumet*, de l'Institut.

MÉRIMÉE, par M. *Augustin Filon*.

CORNEILLE, par M. *G. Lanson*.

FLAUBERT, par M. *Émile Faguet*, de l'Académie française.

BOSSUET, par M. *Alfred Rebelliau*.

PASCAL, par M. *E. Boutroux*, membre de l'Institut.

FRANÇOIS VILLON, par M. *G. Paris*, de l'Académie française

ALEXANDRE DUMAS PÈRE, par M. *Hippolyte Parigot*.

ANDRÉ CHÉNIER, par M. *Émile Faguet*, de l'Académie française.

LA BRUYÈRE, par M. *Morillot*, professeur de Faculté.

FONTENELLE, par M. *Laborde-Milaà*.

CALVIN, par M. *A. Bossert*, inspecteur général de l'Instruction publique.

VOLTAIRE, par M. *G. Lanson*.

MOLIÈRE, par M. *G. Lafenestre*, de l'Institut.

AGRIPPA D'AUBIGNÉ, par M. *S. Rocheblave*.

LAMARTINE, par M. *René Doumic*, de l'Académie française.

Chaque volume, format in-16, broché, avec un portrait en héliogravure, **2 fr.**

Coulommiers. — Imp. Paul BRODARD. — 6-11.